もっと本格的に スプ ❓❓ ！

魅惑のタロット

新版

吉田 ルナ　監修

※本書は 2014 年発行の『もっと本格的にスプレッドを極める！魅惑のタロット』の新版です。

 # はじめに

　タロット占いは、複数のカードをレイアウトし、カードが示しているメッセージを読み取ることで占いを行います。未来の予言であるのみならず、占者のリーディングがサクセスストーリーとなって相談者の心理に働きかけ、相談者の人生を導く道標となります。それがタロット占いの魅力です。

　この本では、実占において最も重要な、相談に合わせたスプレッド選択のコツと、スプレッドリーディングのコツについて分かりやすく解説しました。

　「この相談にはどのスプレッドを使えばいいの？」そんな質問に対応すべく、伝統的なスプレッド、人気のあるスプレッド、叡智とつながるスプレッドなど、監修者・吉田ルナがよく使うスプレッドを中心に紹介しています。一つのスプレッドに対し、さまざまな相談のバリエーションに対応したサンプルリーディングを掲載し、具体例をもとに、カードをどのように読めばよいのかを示しました。カードの解釈は相談に応じて変わりますが、その読み解き方の違いも参考になるでしょう。

　タロット占いには想像力が必要です。想像力は、占者の性質や経験によって異なりますので、同じカードが出ても占者によってリーディングが異なるのがタロット占いです。本書で紹介したリーディングは、あくまでも一つの解釈のサンプルと考えてください。本書の内容を参考に、あなた独自のリーディング力を高めていただければ嬉しく思います。

　また、本書ではウェイト版を使って解説していますが、他のカードでも同様に用いることができます。他のカードを用いる場合でも、大切なのは想像力。伝統的な解釈や、カード固有の解釈、絵から読み取れるインスピレーションを活かしながら、あなたのカードリーディングを行うとよいでしょう。

　この本が、あなた自身の可能性とあなたのタロット占いの的中率を高めることのお役に立てればと思います。

▲吉田ルナ監修（片岡れい・絵）の「ラブアンドライトタロット」
「世界中の人が、人種・宗教・文化・思想・言語を越えて、愛と光でひとつにつながり、世界が平和になりますように」という願いを込めて、画家の片岡れいこのインスピレーションを元に描かれたオリジナルタロットカード。
（アートショップニコラ http://a-nicola.shop-pro.jp などで取り扱っています）

この本で分かること

専門用語

- **ライダーウェイト版タロット(RIDER WAITE TAROT)**…アーサー・エドワード・ウェイト氏により監修され、パメラ・コールマン・スミス女史により78枚すべてのカードに絵柄がつけられた、現在世界で最も普及しているタロットカード。20世紀初頭、ライダー社より初版。今日多くのタロットカードがこの絵柄を基にデザインされている。ウェイト版、ライダー版ともいう。
- **アルカナ(Arcana)**…ラテン語で「神秘」「奥義」を意味する。タロットカードは一般的に、大アルカナ(Major arcana)22枚と、小アルカナ(Minor arcana)56枚の、計78枚で構成されている。
- **スート(Suit)**…小アルカナを構成する4つのグループ。杖(ワンド Wands)、聖杯(カップ Cups)、剣(ソード Swords)、金貨(ペンタクルス Pentacles/コイン Coins)に分かれ、各スートは14枚ある。
- **数札(ヌメラルカード Numeral cards)**…各スートの1(Ace)～10までの10枚の札を数札といい、1はAceと表記されている。全部で40枚ある。
- **宮廷札(コートカード Court cards)**…各スートごとに4枚で構成される、ペイジ(小姓 Page)、ナイト(騎士 Knight)、クィーン(女王 Queen)、キング(王 King)と呼ばれる人物札。全部で16枚ある。
- **スプレッド(Spread)**…タロットカードを展開すること。または、レイアウト法を意味する。
- **デッキ(Deck)**…一組のカードのセットを示す。
- **パイル(Pile)**…カードの山のこと。
- **正位置(アップライト Upright)**…場に出たカードが占者から見て、上下が正しく配置された状態。
- **逆位置(リバース Reverse)**…場に出たカードが占者から見て、上下が逆に配置された状態。
- **オラクル(Oracle)**…神託、預言を意味する。ワンオラクルは、タロットカードの1枚引きを示す。
- **カバラ(Cabbala)**…ユダヤ教の伝統に基づいた秘教で、直訳すると「受け取り」だが、「師から口伝によって伝えられる、神から伝えられた知恵」という意味で使われる。
- **生命の木**…カバラで用いられる、神の創造のプロセスを示し、私たちが神の世界へ帰る回帰の図。宇宙の中で働いている原理を客観的に示している。

CONTENTS　もくじ

CONTENTS もくじ

タロットカードの構成と
基本的な読み方を把握する

タロットカードは通常 78 枚のカードで構成され、22 枚の大アルカナ（メジャーアルカナ）と 56 枚の小アルカナ（マイナーアルカナ）に分かれています。本書ではウェイト版デッキを使用していますが、異なるデッキを使用する場合も、基本的な意味に、絵柄からイメージする要素をプラスして読み解きましょう。

▼

大アルカナは、1 [魔術師] 〜21 [世界]、そして 0 [愚者]。番号と名前が書かれ、美しい絵柄が特徴です。ウェイト版は占星術の思想に基づき、8 に [力]、11 に [正義] が配置され、マルセイユ版などの従来のタロットと違い、入れ替わっているのも特徴です。

0 ▶ 流出界（神性界）
　　　神のエネルギーが流出する神聖な世界

15…21 ▶ 創造界（霊性界）
　　　霊的なエネルギーを創造する魂の世界

8…14 ▶ 形成界（心理界）
　　　心理的なエネルギーを形成する想念の世界

1…7 ▶ 物質界（製造界）
　　　肉体的なエネルギーを製造する形ある世界

▲カバラ「生命の木」のに対応する（P24 参照）

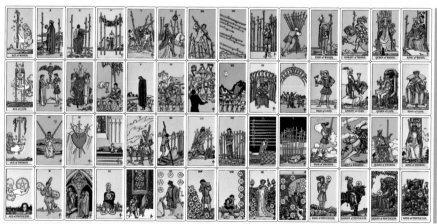

小アルカナは、杖（ワンド）・聖杯（カップ）・剣（ソード）・金貨（ペンタクルス）という 4 つのスートで構成され、各スートは 1（Ace）〜10 の数札（ヌメラルカード）と、ペイジ、ナイト、クィーン、キングという 4 枚の宮廷札（コートカード）で構成されています。

プロローグ　タロットカードの構成と基本的な読み方を把握する

👉 視覚的な絵柄と聴覚的なキーワードの語感をつなげて意味を覚える

ウェイト版の魅力はすべてのカードが絵札であることです。すべてを並べて見比べることで、カードの前後の流れやテーマを考えましょう。そして絵からイメージをつかみ、キーワードとつなげて覚えましょう。

Point 大アルカナ22枚のメッセージを把握する

大アルカナは、運命的な出来事や霊的成長のプロセスを示し、リーディングの核となります。

Ⅰ 魔術師…新しいアイデアの試行
Ⅱ 女司祭長…物事を受容し、理解する
Ⅲ 女帝…愛を体験し、喜び溢れる状態
Ⅳ 皇帝…男性社会における成功
Ⅴ 法王…指導のもとに結束する
Ⅵ 恋人たち…自由意志による選択の時
Ⅶ 戦車…自分らしく生きるチャレンジ
Ⅷ 力…恐れを克服する強さ
Ⅸ 隠者…納得するまで道を求める心
Ⅹ 運命の輪…運命的な変化の時
Ⅺ 正義…秩序に基づき物事を正しく判断する

Ⅻ 吊られた男…献身による喜び
ⅩⅢ 死神…終わりに向かうプロセス
ⅩⅣ 節制…運命的で自然な流れ
ⅩⅤ 悪魔…欲望による変容
ⅩⅥ 塔…衝撃的な出来事が起こり、壊れる
ⅩⅦ 星…新しいアイデアに気付き、活かすこと
ⅩⅧ 月…未来への漠然とした不安
ⅩⅨ 太陽…自己を解き放ち愛と喜びを表現
ⅩⅩ 審判…最終決断を下すとき
ⅩⅪ 世界…物事が完全に調和し完了する
０ 愚者…可能性を信じ新しいことにチャレンジ

Point 小アルカナ56枚のメッセージを把握する

小アルカナは、大アルカナの持つ運命的な出来事に具体性と説得力をもたらし、占いを万能にします。各スートは物質の四大要素（エレメント）から性質が生じています。スートのキーワードと、カードナンバーが交わったところに、56通りのカードの個性が現れます。

スート	エレメント	キーワード	生命の木との対応	星座との対応	トランプとの対応	数札（ヌメラルカード）40枚（出来事や行動の詳細を表わす）										宮廷札（コートカード）16枚（人物の個性や対人関係）			
						1	2	3	4	5	6	7	8	9	10	ペイジ	ナイト	クイーン	キング
杖	火	活力・情熱・直感	流出界	♌♈♐	♣	スタート	二つあるものとの関わり	表現・創造・結束	安定・物質的側面	五感・活動	調和・美・道	永遠・神秘・パワー	努力・継続・パワー	精神的充実	終わり・次世代	純粋・従順・学生	行動力・状況判断	受容的・女性的	責任・自信・誇り
聖杯	水	感情・受容性	形成界	♋♏♓	♥														
剣	風	理性・社会性	創造界	♒♎♊	♠														
金貨	地	物質・継続	物質界	♑♉♍	♦														

※各カードの読み方は、吉田ルナの『もっと本格的にカードを読み解く！神秘のタロット新版』でさらに詳しく解説しています。

プロローグ──タロットカードの構成と基本的な読み方を把握する

実占の的中率を上げるためのプロセス

占いの的中率を上げるためには、占いに集中することが必要です。そのためにはまず占いをする場を神聖な場所にします。そして、自分自身の意識を日常から解き放ち、神とつながる準備を整えましょう。自己の神性とつながることで、的中率の高い占いを行うことができます。

Step①　占う場と道具、占者のエネルギーを整えて浄化する

まずは、自分に合ったタロットカードとタロットクロスを準備します。タロットカードは、ウェイト版がオススメですが、好きなデザインのカードを選んで楽しく占うことが大切です。クロスは、好きな色で構いませんが、空色や紫、天然素材で無地のものがオススメです。タロットカードは、"自分がマスターだ"とタロットカードへ伝える儀式（触れて、見て、並べるなど）「魂入れ」を済ませておきます。

地による浄化
クリスタルを使い、場のエネルギーを整え、落ち着きのある空間をつくります。

水による浄化
手を洗い、すべてのけがれが洗い流されるとイメージし、自らの感情を清めます。

風による浄化
お香を焚いて空気を変え、呼吸を整え意識が自分の内側に向かうよう瞑想します。

火による浄化
キャンドルを灯し（イメージでもOK）、いまだ残るエゴを炎で燃やします。

瞑想が終わったら、カードを軽く叩き、占いを始めます。

Step②　カウンセリングから占目を宣言して、占いの意識を高める

★カウンセリングや（自分占いの場合は）自問自答により、占う内容を明確にしましょう。

★占う焦点が定まったら、スプレッドを考慮し選定します。

★神や相談者に向かって、できれば声に出して占目を宣言します。

※Step②は、P10のPOINT3でさらに詳しく解説しています。

的中率を上げるシャッフル＆カットは、所作に集中し、心を無にする

占目を立てるために行ったカウンセリング時に、あなたの中にはさまざまな感情や思考が生まれてきます。シャッフル＆カットを行う時間は、それらの思考や想念的エネルギーを祓い、占いに集中します。

Step③ 心を映す神聖な道具であるカードは、真心を込めて丁寧に扱う

広げて混ぜる
クロスの上でカードを伏せて、弧を描くように右回りにシャッフルします。

一つに重ねる
相談者側に絵柄が見えないようにして、スムーズにまとめます。

両手でカット
リズミカルにカットしながら、心を無にしていきます。

中央に置き意識を封入
カードを中央に置き、占目をカードに伝えるように手を添えます。

山を二つに分ける
カードの山（パイル）を左手で二つに分け、新しい面を上に重ねます。

相談者にも分けてもらう
相手占いの場合は、相談者にも二つに分けてもらいます。

反転させて戻す
占者は相談者の視点になるようカードを反転させて手元に戻します。

レイアウトする
カードの正逆が変わらないよう、オープンしながらレイアウトします。

Step④ リーディング＆プレゼンテーション

リーディングとは、神のメッセージを受け取り、読んで理解すること。
プレゼンテーションとは、読み取ったことを愛と説得力で表現することです。
※本書ではこのStep④の内容にスポットを当てています。

Step⑤ クロージングで、カードに残るエネルギーを浄化

★占いが終わったらカードを伏せて左回りにシャッフルし、クロージングします。
★必要に応じて、占いの場や自分自身の意識を、道具や呼吸などで浄化します。
★浄化後はタロットカードを箱やポーチに入れて保護し、神聖な場所で保管します。

※このページの内容は、吉田ルナの『もっと本格的に人を占う！究極のタロット新版』第Ⅳ章で詳しく解説しています。

プロローグ　実占の的中率を上げるためのプロセス

カウンセリングに力を入れて 成功への道筋をつかむ

相談者は、現状と求めるものとの落差に悩み、占いで解決策を得ようとします。カウンセリングは、相談者自身の力を引き出すために行います。相談者が望む未来を実現するための占目を立て、最適なスプレッドを選択しましょう。

▼

Step① "相談内容＝占目" ではありません。「5W1H」を把握すること

悩んでいるときはネガティブな感情に囚われ、自分自身が本当は何を求めているのか分からなくなります。苦しみの逃避方法を占うのではなく、問題を受け入れ、克服するために占うのです。現状（現在地）を知るための質問のほかに、相談者がどんな結果を望んでいるのか（ゴール）を明確化するために「5W1H」の質問をするとよいでしょう。その後占って、一番良い方法（ルート）をプレゼンテーションします。

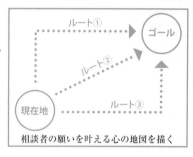

相談者の願いを叶える心の地図を描く

"When" いつ？	"Who" だれと？	"Where" どこで？	"What" なにを？	"Why" なぜ？	"How" どのように？
▼	▼	▼	▼	▼	▼
日時を明確に	誰と共に行うのか	場所を明確に	何をするのか	どんな理由、意図があるのか	どんな方法で実現したいのか

5Wの質問と、能力としての1Hの質問

▼

Step② 自分占いも、相手占いも、スリーポジションの意識を持って占う

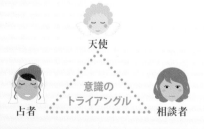

天使

意識のトライアングル

占者　　　　相談者

自分占いでも相手占いでも、相談者（当事者）、占者、そして両者を超越した天使の視点で占いを行います。超越した視点を持つことで、自分占いでは動じないで客観的に、相手占いでは共感と状況理解を促し、占い全体を成功に導くことができます。

（プロローグ　カウンセリングに力を入れて成功への道筋をつかむ）

相談内容を明確にし、占目を立てるまでの作業は、上手く行けば占いはほぼ70％成功していると言えるくらい、重要なプロセスです。"占目の宣言"は、占いを成功させるために、相談者や宇宙へ伝える大切な作業です。

Step③ 占者は"占目の宣言"をして、占いの意識を高める

"占目の宣言"とは、これから占いを行うということを宇宙（神）に向かって宣言することです。占者と相談者の意識を合わせることで、より高いメッセージを得ることができるので、問題や悩みに対して前向きな姿勢を促す占目を宣言しましょう。

例：「○○さんの仕事運を占います」
　→「○○さんの仕事が成功するために、どうすればよいか占います」

相談例	占目の宣言例	選択するスプレッド
趣味で始めたネットショップが収入になればと考えていますが上手くいくでしょうか？	副業を始めることのメリットとデメリットを教えてください。	ギリシャ十字スプレッド（第Ⅱ章 P28/POINT10で紹介→）
就職で2社から内定をもらいましたがどうすればよいのか迷っています。	A社、B社、どちらに入社した方がやりがいのある仕事ができますか？	二者択一のスプレッド（第Ⅲ章 P42/POINT16で紹介→）
なかなか出会いがなくて、この先結婚ができるのかとても不安です。	良い出会いのためにどうすればいいか、アドバイスをください。	ヘキサグラムスプレッド（第Ⅳ章 P58/POINT23で紹介→）
二人とも結婚しているのですが、二人の交際は上手くいくでしょうか？	お互いの家庭を壊さないでお付き合いを続ける方法を教えてください。	ケルト十字プレッド（第Ⅴ章 P70/POINT28で紹介→）
今年は仕事が上手くいくのか、趣味のフットサルのことも気になります。	今年の運勢を教えてください。特に仕事と趣味に関するアドバイスをください。	ホロスコープスプレッド（第Ⅵ章 P88/POINT36で紹介→）
私は美大へ行きたいのに親は別大学に進学して欲しいみたい。どうしたらいいでしょうか？	両親を説得して、美大に進学できるでしょうか？	生命の木スプレッド（第Ⅶ章 P102/POINT42で紹介→）

＋α プラスアルファ　心に響くプレゼンテーションは、論理的でありドラマチックでもある

心に響くプレゼンテーションのためには、カードを読むだけではなく、原因と結果、プロセスと結果などを論理的に説明し、悪い結果ならそれを最小限に止めるため、良い結果ならそれを早く引き出すための対策を示しましょう。可能ならば占目を超えたメッセージを受け取って、さらなる開運のためのアドバイスをすること。プレゼンテーションは、愛情を持ってドラマチックに表現することが大切です。本書ではプレゼンテーションの見本を「モデルトーク」として表現しています。

プロローグ　カウンセリングに力を入れて成功への道筋をつかむ

第Ⅰ章
スプレッドは
こう選べ！

ACE of CUPS.

タロット占いのスプレッドは、古くから伝わるポピュラーなものからオリジナルまで、本当にたくさんある。この章では、ほとんどの相談内容に対応できる、6種類の実用性の高いスプレッドを紹介する。

「二者択一のスプレッド」

「ギリシャ十字スプレッド」

「ヘキサグラムスプレッド」

「ケルト十字スプレッド」

「ホロスコープスプレッド」

「生命の木スプレッド」

よい判断を導くには「ギリシャ十字スプレッド」

相談者にとって未経験の事柄や、まだ始まっていないことを占うのに適しています。不確定部分が多く、相談者が態度を決めかねているときに、良いこと／悪いことや、メリット／デメリットを示し、決断を促すスプレッドです。

ギリシャ十字スプレッドはこれだ！

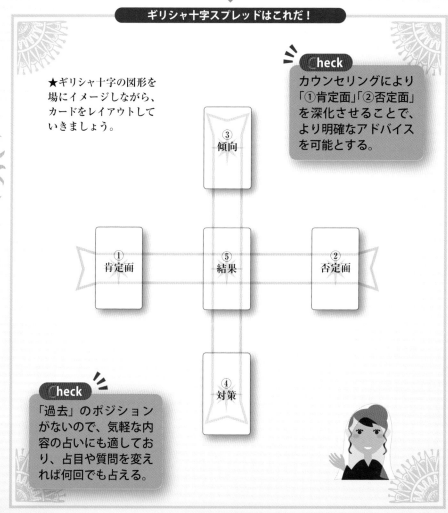

★ギリシャ十字の図形を場にイメージしながら、カードをレイアウトしていきましょう。

Check
カウンセリングにより「①肯定面」「②否定面」を深化させることで、より明確なアドバイスを可能とする。

③ 傾向

① 肯定面　　⑤ 結果　　② 否定面

④ 対策

Check
「過去」のポジションがないので、気軽な内容の占いにも適しており、占目や質問を変えれば何回でも占える。

このスプレッドに最適な占目はこれだ！

▶ 新しい仕事を始めるときの注意点を占う （→P28/POINT10）

▶ 結婚することのメリットとデメリットを占う （→P30/POINT11）

▶ 難関校を受験するかどうかを占う （→P32/POINT12）

▶ 初デートの成功を占う （→P34/POINT13）

▶ イベントへ参加して、上手くいくかを占う （→P36/POINT14）

▶ 二人のうち、どちらとつき合えばよいかを占う （→P38/POINT15）

スプレッド選択のコツはこれだ！

物事の良し悪しを分かりやすく知りたいときに有効なスプレッド。利益への魅力の欠如やリスクに対する不安から実行する意思が弱いとき、あるいは、物事への偏った見方や考え方に囚われているときなどに用いることで、判断を下すサポートとなる。

Point 下記の表を参考にメリット／デメリットを質問し、明確化するとよい

	結婚する	結婚しない
メリット	心のやすらぎ 社会的安定 人生が楽しくなる	仕事に打ち込める 恋や趣味が楽しめる 時間やお金の自由
デメリット	束縛される 家事などの仕事が増える 時間やお金の不自由	いざというとき心細い 孤独感や将来の不安 社会的に惨めな感じ

（※第Ⅱ章 P30/POINT11 の占目例）

この表に当てはめて考えることで、占目が明確になるでしょう。場合によっては、別のスプレッドを検討する必要もあります。

+α プラスアルファ

カウンセリングや自問自答によって、相談内容のメリット、デメリットを深く探っておけば、より深いアドバイスが可能となります。その過程で、このスプレッドが相談に対する答えを得るのにふさわしいかどうかも明確になります。

このスプレッドに込められたヒミツ

ギリシャ十字とは、縦横の長さが等しく、中央で交差している十字架のことキリスト教において、ラテン十字と並んで頻繁に用いられる。上下左右のバランスが等しいことから、「物事をバランスよく見る」という視点で占いを行う意図があると言える。

選択を占うなら
「二者択一のスプレッド」

AとBのどちらを選べばよいか分からないとき、実行した方がいいのか、しない方がいいのかが分からないときなど、二つの間で迷い、選択するときに、このスプレッドを用いるとよいでしょう。

▼

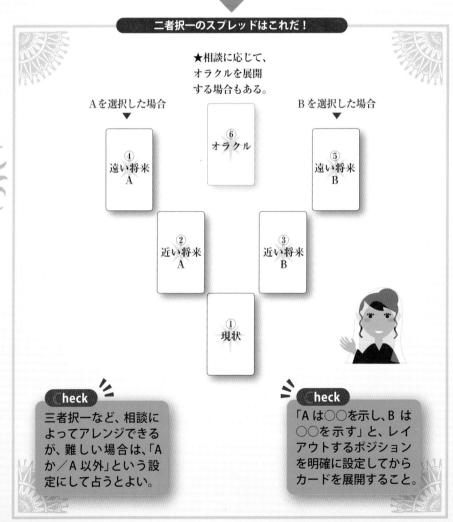

二者択一のスプレッドはこれだ！

★相談に応じて、
オラクルを展開
する場合もある。

Aを選択した場合 ▼

B を選択した場合 ▼

⑥
オラクル

④
遠い将来
A

⑤
遠い将来
B

②
近い将来
A

③
近い将来
B

①
現状

Check
三者択一など、相談によってアレンジできるが、難しい場合は、「Aか／A以外」という設定にして占うとよい。

Check
「A は○○を示し、B は○○を示す」と、レイアウトするポジションを明確に設定してからカードを展開すること。

第Ⅰ章──スプレッドはこう選べ！

このスプレッドに最適な占目はこれだ！

▶ A社とB社、どちらに入社すればよいかを占う（→P42／POINT16）

▶ 歯の矯正をする／しないを占う（→P44／POINT17）

▶ 二人の女性のどちらを選ぶべきかを占う（→P46／POINT18）

▶ どの病院で治療を受ければよいかを占う（→P48／POINT19）

▶ 今の彼との結婚か、別の相手を考えるべきかを占う（→P50／POINT20）

スプレッド選択のコツはこれだ！

タロットでは、占目を明確にし、相談者の意志を天に届けて実現するかどうかを占うのが一般的。しかし相談者の意志がはっきりせず、占目を決められない場合がある。した方がいいか／しない方がいいか、Aか／Bかなど、意志がはっきりできないときに、このスプレッドを使うとよい。

Point 選択の問題なのかを確認して、二者択一のスプレッドを用いる

二者択一のスプレッドを用いる場合は、本当に選択の問題なのかを確認する必要があります（右記参照）。AもBもしたいという意志があり、迷っているという状況や、相談者に選択の自由があるときに用いるスプレッドです。すべての占いは、人が意志を明確にし、心願するからこそ、天の意志が得られるのです。カウンセリングで本心を理解し、スプレッドを選ぶことが大切です。

例えば、「人間関係がつらくて仕事を辞めようかと悩んでいる」と相談されたとき、二者択一よりも、「仕事を続けるにはどうしたらよいか？」という占目にして、ヘキサグラムスプレッドやケルト十字スプレッドなどを用いて占う方がよいときもあります。

＋α プラスアルファ

何かに迷っているとき、人はその問題以外の課題に気がつかない場合があります。カウンセリング時に、選択以外のメッセージが大切だと感じたなら、オラクルカードを追加しましょう。オラクルには選択を超えたメッセージが現れると考えます。

このスプレッドに込められたヒミツ

川の流れのような運勢の流れを示す二筋の流れ

このスプレッドは、現状を起点として、選択による運命の違いが示される。「近い将来」のAとBの距離は近いが、「遠い将来」ではAとBとの距離は開いていく。選択と行動による運勢の流れの違いを、視覚的に見比べることができるスプレッド。

POINT 6 魔術儀式で叡智とつながる「ヘキサグラムスプレッド」

ヘキサグラムスプレッドは、時間軸の流れの中で事柄の運勢を読みます。六芒星の各頂点にカードを配置し、六芒星の中央に特別なメッセージを降ろします。象徴図形を用いることで、より高次のメッセージを得ることができます。

▼

ヘキサグラムスプレッドはこれだ！

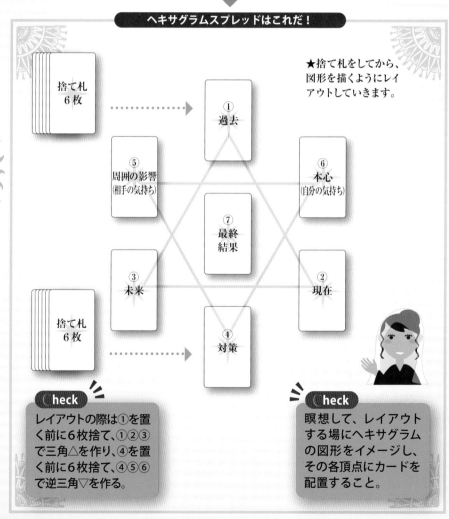

★捨て札をしてから、図形を描くようにレイアウトしていきます。

捨て札
6枚

① 過去

⑤ 周囲の影響（相手の気持ち）

⑥ 本心（自分の気持ち）

⑦ 最終結果

③ 未来

② 現在

捨て札
6枚

④ 対策

第一章　スプレッドはこう選べ！

Check
レイアウトの際は①を置く前に6枚捨て、①②③で三角△を作り、④を置く前に6枚捨て、④⑤⑥で逆三角▽を作る。

Check
瞑想して、レイアウトする場にヘキサグラムの図形をイメージし、その各頂点にカードを配置すること。

スプレッド選択のコツはこれだ！

象徴図形を用いるので、高次のメッセージを得やすく、各ポジションに添って、過去・現在・未来という運勢の流れを読みながら、対策などの具体的なアドバイスが可能。ヘキサグラム（六芒星）というシンボルは陰陽統合の図形でもあるので、相性占いに用いるのにもよい。

 Point 直感的で論理的なリーディングを可能にするスプレッド

ヘキサグラムスプレッドは、少なすぎず多すぎない7枚のカードで展開するスプレッド。一枚ずつのカードから得られるインスピレーションを活かしながら、運勢の流れをつかみ、各ポジションから具体的なアドバイスを得ることができます。直感的なリーディングやポジションからの論理的なリーディングが可能で、完成度の高いスプレッドと言えます。

相性を占う場合は、⑤「周囲の影響」は「相手の気持ち」とし、⑥「本心」はそのまま「自分の気持ち」とし、レイアウトするとよいでしょう。

+α プラスアルファ

図形や象徴には、ただ形を示すだけではなく、秘教的な意味が込められています。ヘキサグラム ✡ は、叡智を示す形で、それをかたどったヘキサグラムスプレッドは、神聖なエネルギーを召喚し、メッセージを得る魔術的なスプレッドです。このスプレッドで、同じ質問を再三占わない方がよいでしょう。

 このスプレッドに込められたヒミツ

叡智の象徴ヘキサグラムで神聖なメッセージを召喚する

ヘキサグラム ✡ はカバラの叡智を示す図形であり、錬金術記号の火△の象徴と水▽の象徴が交じり合う図形である。また、ヘキサグラム ✡ はハートチャクラ（ハートにある精妙なエネルギーセンター）の象徴でもあるので、ヘキサグラムスプレッドは心にある真実を示すスプレッドと言える。

第Ⅰ章　スプレッドはこう選べ！

多角的に分析し成功を導く「ケルト十字スプレッド」

ケルト十字スプレッドは、相談者の現状を深く読み取り、主観的/客観的にとらえ、望む結果を得るための課題や援助が明確になるスプレッドです。成功イメージを明確にし、夢の実現をサポートするでしょう。

第1章 スプレッドはこう選べ！

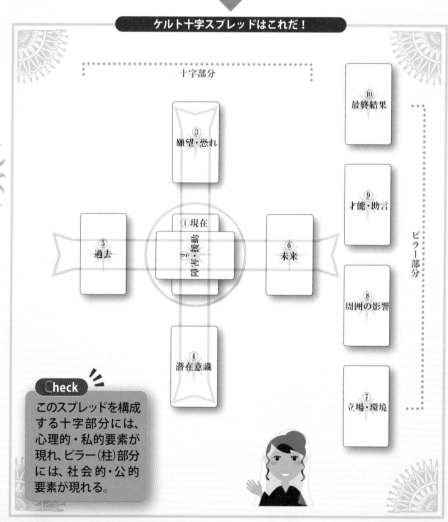

ケルト十字スプレッドはこれだ！

十字部分

③願望・恐れ

⑩最終結果

⑤過去

①現在
②障害・援助

⑥未来

⑨才能・助言

④潜在意識

⑧周囲の影響

⑦立場・環境

ピラー部分

Check

このスプレッドを構成する十字部分には、心理的・私的要素が現れ、ピラー（柱）部分には、社会的・公的要素が現れる。

このスプレッドに最適な占目はこれだ！

スプレッド選択のコツはこれだ！

個人の心理的な要素による運勢の流れと、人間関係などの社会的な要素による運勢を読み取ることができるスプレッド。相談内容に社会的課題が多い場合や、人間関係への考慮が必要な相談を占う場合に、優れたスプレッドである。

Point 下記の図から、夢を叶えるための心理世界をイメージする

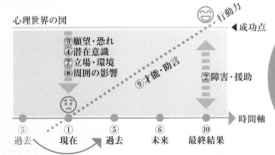

心理世界の図

③願望・恐れ
④潜在意識
⑦立場・環境
⑧周囲の影響
⑨才能・助言
②障害・援助
⑪行動力
成功点
時間軸

⑤過去　①現在　⑤過去　⑥未来　⑩最終結果

②障害・援助はカードの吉凶により、障害と読むか援助と読むかが変わります。また、心理世界の時間軸は、過去の経験に基づき未来を見るので、①現在→⑤過去→⑥未来、という順に並びます。

＋α プラスアルファ

このスプレッドを用いる場合は、占う前のカウンセリングで「どんな状態になったら夢が叶ったと思えるの？」「夢が叶ったらどんな風に活動するの？」と質問します。相談者の望む状態を確認し、それを実現するリーディングを行いましょう。

第Ⅰ章　スプレッドはこう選べ！

このスプレッドに込められたヒミツ

太陽と十字が重なるケルト十字がモチーフの伝統的なスプレッド

ケルト十字スプレッドは伝統的であり、現在でも多くの占い師が用いるポピュラーなスプレッドである。たくさんの占者に使用され、いろいろな考察がなされているため、レイアウト法やポジションの解釈は今回紹介したもの以外にも複数存在している。

POINT 8

全体運を知るには「ホロスコープスプレッド」

西洋占星術のホロスコープと呼ばれるチャートに対応したスプレッド。占者が定めた一定期間のさまざまな運勢を読むことができるので、総体的な運勢を読むのに適しています。

▼

第Ⅰ章──スプレッドはこう選べ！

ホロスコープスプレッドはこれだ！

10ハウス 名誉・上司・社会運 ⑩

11ハウス サークル・友人・希望 ⑪

9ハウス 学問・外国・マスコミ ⑨

12ハウス 休養・病気・ボランティア ⑫

8ハウス セックス・死・相続 ⑧

1ハウス 自分・個性・体質 ①

⑬ 総合 キーカード

7ハウス 出会い・対人関係・結婚 ⑦

2ハウス 金銭・所有・貯蓄 ②

6ハウス 仕事・健康関係 ⑥

3ハウス 兄弟・知性・旅行 ③

5ハウス 恋愛・子ども・趣味 ⑤

4ハウス 家庭・住居・不動産 ④

Check

12ハウスに対応する意味は、複数存在する。相談内容によってどれを選択するかアレンジすること。

★時計の文字盤の配置のように、円をイメージし、①から左回りにレイアウトし、中心に⑬を置きます。

▶一年間の運勢について占う（→P88/POINT36）

▶心理的な問題を探る（→P90/POINT37）

▶金運について総合運から読む（→P92/POINT38）

▶身体のエネルギー状態を占う（→P94/POINT39）

▶経営する会社の世代交代と発展を占う（→P96/POINT40）

▶恋愛運をメインに全体運を占う（→P98/POINT41）

スプレッド選択のコツはこれだ！

ホロスコープスプレッドは、一つのスプレッドでさまざまな項目の運勢を読み取ることができる。一つの目的のために全体的な運勢を知りたいときや、一年の運勢を占うなど、決められた期間の総合的な運勢が知りたいときに用いるとよいスプレッド。

 Point 多項目の運勢を読むことで相談に対応できる場合に用いる

このスプレッドは、一つのスプレッドで相談者の複数の興味に答えることができるので、総体的な問題を読み取るのに適しています。質問内容が6つ以上のハウスのテーマに該当するときに用いると、読みやすいでしょう。また、一つのハウスに複数の意味があり、相談者の立場や状況に応じて、しっかりと読み込むハウスと軽く読むハウスとの差が出ます。占う前に、ハウスの優先順位を意識しましょう。

占星術を学び、ハウスの概念を理解することで、各ハウスの意味をタロット占いに応用して使うことができます。

+α プラスアルファ

ホロスコープスプレッドにおいて大切なことは、展開する前に期間を設定することです。時間的進展を読むのには難しいスプレッドですので、時間的進展を知りたい場合は、ホロスコープスプレッド＋スリーカードスプレッドやクロススプレッド（『もっと本格的に人を占う！究極のタロット新版』で紹介）などを併用するとよいでしょう。

 このスプレッドに込められたヒミツ

占星術と同様に、天と地が共鳴し、運勢が現れるスプレッド
「天と地は共鳴する」という思想により、天の12星座のエネルギーは地の12ハウスに宿り、さまざまな事柄を示す。タロット占いにおいても同じで、地上で質問を明確にし、神に尋ねると、天のメッセージは展開されるカードに宿ると考える。

第Ⅰ章　スプレッドはこう選べ！

天恵を得たいときは「生命の木スプレッド」

ユダヤ教の神秘思想をカバラといい、奥義とされる生命の木は、神の創造の図であり、神の世界への回帰の図で、宇宙根源の奥義を示します。天命を得て成功したいとき、スピリチュアルで神聖なメッセージを得たいときに使用しましょう。

▼

生命の木スプレッドはこれだ！

第Ⅰ章 スプレッドはこう選べ！

★生命の木は、パス＝小径と、セフィラ＝器（複数形はセフィロト）、そして右の「拡大」の柱と、左の「縮小」の柱、中央の「中庸」の柱で構成されています。各セフィラの意味は、相談によってアレンジします。

①ケテル＝冠
　神とのつながりを示す
②ホクマ＝智恵
　神からもたらされるインスピレーション
③ビナー＝理解
　文化や社会、人生への深い理解を示す
④ダアート＝知識
　神秘的な体験を通して得られた知識
⑤ヘセッド＝慈愛
　受容し拡大する愛、許し
⑥ゲブラ＝判断
　良識に基づいた決断や正しい判断
⑦ティフェレット＝美
　本質的な自己・真我
⑧ネッツァ＝永遠
　永遠に求め続ける情熱、衝動的欲求、情熱的な愛の側面
⑨ホッド＝反響
　繰り返しもたらされるもの、学習、思考的側面、識別
⑩イエソド＝基礎
　日常生活、エゴ、ペルソナ
⑪マルクート＝王国
　肉体的要素、場所や環境について

Check

天の意志や導きについて、相談者が意識していない場合、④ダアートは（場合によって①ケテルも）伏せたままレイアウトする。

▶ 希望の学校へ進学できるかを占う （→P102/POINT42）

▶ 仕事の新しい企画の成功を占う （→P104/POINT43）

▶ これからの人生のテーマを占う （→P106/POINT44）

▶ 生活の安定のための転職を占う （→P108/POINT45）

▶ 婚活の成功法を探る （→P110/POINT46）

▶ 自分を取り巻く人間関係から学びを得る （→P112/POINT47）

スプレッド選択のコツはこれだ！

生命の木スプレッドは、自己（ティフェレット）意識を中心に、天（ケテル）に意志が届き、地（マルクート）に足をつけることが自己実現につながることを示している。このスプレッドは、相談者の意志や決意が明確な場合に用いるとよい。

 Point 意識を高め、成功プロセスを知ることができるスプレッド

生命の木は天の意志がこの世に顕現するプロセスを表しているので、願望実現について占うのによいでしょう。さまざまなセフィロト（器）の示す要素を満たすと、願望が実現します。また、生命の木は神の世界への回帰のプロセスも表しているので、魂のレベルで成長を望むときのヒントを与えてくれます。私たちの意識を神性世界へと高めるために必要なプロセスが示されている、現実的要素と意識的要素への思慮を人生にもたらすスプレットです。

各セフィラの機能を理解することで、意味を設定できます。占い以外でも各セフィラに夢を叶えるプロセスを設定し、自己実現することができます。

+α プラスアルファ

タロットの78枚のカードは、生命の木に由来します。大アルカナ22枚は生命の木のパスに対応し、数札40枚は生命の木のセフィロトに対応し、宮廷札16枚は生命の木の領域に対応しています。タロットカードは神の叡智を学び、神の知恵とつながる神聖な道具でもあります。※『もっと本格的に人を占う！究極のタロット新版』で詳しく解説

 このスプレッドに込められたヒミツ

ユダヤ教の神秘思想・カバラの叡智が込められた、生命の木スプレッド
ユダヤ教は、キリスト教やイスラム教より古くからある宗教で、生命の木には、ユダヤ教の神秘思想の叡智が込められている。神がこの世を創造したプロセスを示し、また、人類が神の世界に還るプロセスを示した図でもあるのが生命の木。このスプレッドは、叡智をもたらすスプレッドである。

第I章 — スプレッドはこう選べ！

第Ⅱ章
ギリシャ十字スプレッドを極める！

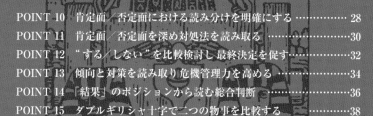

THE CHARIOT.

✷ リーディングのヒントはココにある ✷

物事の肯定面／否定面が明確に分かるので、対策を練ることができるスプレッド。運勢の流れを読むというよりは、運命や未来は自分で決めて、幸運の流れを作るために占うという視点が大切。

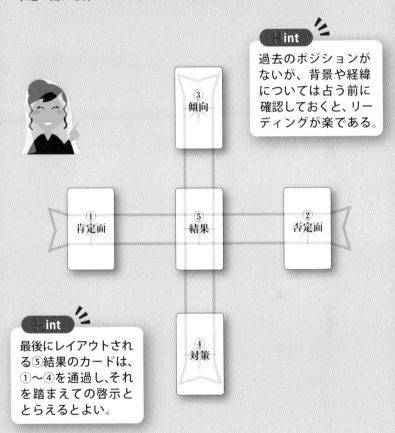

Hint

過去のポジションがないが、背景や経緯については占う前に確認しておくと、リーディングが楽である。

③
傾向

①
肯定面

⑤
結果

②
否定面

④
対策

Hint

最後にレイアウトされる⑤結果のカードは、①〜④を通過し、それを踏まえての啓示ととらえるとよい。

①肯定面…物事の良い側面やメリット、またはメリットに対するアドバイスを示す。
②否定面…物事の悪い側面やデメリット、またはデメリットに対するアドバイスを示す。
③傾向…物事の進展や傾向を見る。または、近未来の運勢の流れを表す。
④対策…傾向を促進させる方法や、望ましくない傾向を回避する対策を知る。
⑤結果…物事の総合的判断はこのカードで行う。このスプレッドの核となるポジション。

肯定面／否定面における
読み分けを明確にする

ギリシャ十字の横軸「肯定面／否定面」は、カードの正逆にとらわれず、ポジション優先で読みます。「肯定面」はポジティブに、「否定面」はネガティブに。両側面を明確にすることで、冷静な判断を促すことができます。

占目「新しい仕事を始めるときの注意点を占う」

Aさん（28歳♀会社員）はインターネット上でショップを開設し、自作アクセサリーを販売しようと考えています。副業を始めることのメリットとデメリットを教えてください。

展開例

③傾向
［聖杯キング／逆］

Check

大アルカナが否定面にのみ出ているところから、メリットよりデメリットの影響の方が大きいと判断する。

①肯定面
［杖5］

⑤結果
［金貨4／逆］

②否定面
［魔術師］

④対策
［杖8／逆］

Check

［剣］がないことから、ビジネスに対するコミットメントや、客観的な判断や評価が、欠如していると読む。

Point 大アルカナが出たポジションを中心に、各カードの意味を組み立てる

まず、肯定面／否定面を比較
▶①肯定面［杖5］
ビジネスを通しての交流に喜びあり。積極的な気持ちで作品作りに取り組める。

▶②否定面［魔術師］
ショップや作品の宣伝不足。ビジネスに対しての甘さによる利益の伸び悩み。器用貧乏。

運勢の流れを読む
▶③傾向［聖杯キング／逆］
感性豊かで作品作りに対する自信はあるけれど、顧客の気持ちは離れている。

「傾向」の示すことへの対策は
▶④対策［杖8／逆］
売れ筋商品と動かない商品を見定め、動かない商品をいかに販売するかを考えること。

「結果」のカードで答えを出す
▶⑤結果［金貨4／逆］
作品に対しての愛着が強く、安くは売れない。顧客が購入しづらく、商品が動かない。

プラスアルファ
［聖杯キング/逆］＋［金貨4／逆］の組み合わせから、「力があるのに、社会には閉鎖的な方向に使ってしまう」と読む。

リーディングのコツはこれだ！

「肯定面」のカードは、逆位置でも肯定的な読み方をし、「否定面」のカードは、正位置でも否定的な読み方をする。両者を対照的に描き分けた上で、大アルカナ［魔術師］が全体を支配していると考える。

モデルトーク

あなたには、作品作りの才能があります。副業を通じて、人との交流が増え、制作意欲が高まることは大きなメリットです。しかし、性格的な要素もあり閉鎖的で、ビジネス的には発展性がなく、利益が上がらないところがデメリットです。

作品に対する執着や自信のゆえに、ビジネスに対する甘さがあるようです。損失こそ出なくても、利益も望めません。発展のためには宣伝が必要です。商品の動きからお客様の気持ちを汲み取り、商品の構成や価格設定を見直しましょう。

ルナの
コンビネーション
リーディング

▶［聖杯キング／逆］＋［金貨4／逆］
［キング］は力を象徴し、逆位置は力の間違った使い方を示す。そこに［金貨4］の逆位置が加わると、力に対する執着を示す。自分の影響が及ぶ狭い世界だけで力を使うため、社会的には閉鎖的になる。

POINT 11

肯定面／否定面を深め 対処法を読み取る

物事のメリットとデメリットを相談時に把握すると、「肯定面」と「否定面」は、それぞれへの注意点や対策として読むことができます。多角的なアドバイスを知りたいときに有効です。

占目「結婚することのメリットとデメリットを占う」

Bさん（35歳♀会社員）は、交際1年の彼との結婚について悩んでいます。結婚への不安を解消するために、メリットとデメリットに対するアドバイスをください。

第Ⅱ章 ギリシャ十字スプレッドを極める！

展開例

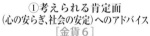

★占目に合わせ、①②③のポジションの意味をアレンジしています。（※P15/Point 参照）

③進展
[運命の輪]

Check
大アルカナ3枚と、出現率が高いことから、扱ったテーマは人生に強く影響することが考えられる。

①考えられる肯定面
（心の安らぎ、社会の安定）へのアドバイス
[金貨6]

⑤結果
[塔／逆]

②考えられる否定面
（束縛、お金の不自由さ）へのアドバイス
[吊られた男／逆]

④対策
[聖杯1／逆]

Check
占ったときに現れるネガティブな印象のカードを、どうポジティブに解釈するかが占いの鍵となる。

Point ネガティブな情報をどう表現するかを意識してリーディングを行う

肯定面／否定面へのアドバイス

 ▶①肯定面へのアドバイス［金貨6］
安らぎは、助けてもらうより、助けることによって得られる。助け合うことで愛が深まる。

 ▶②否定面へのアドバイス［吊られた男／逆］
「自分を犠牲にしなければ、結婚生活が上手くいかない」という考えを取り払うこと。

運勢の流れや進展を読む

 ▶③進展［運命の輪］
結婚に進展する運命の流れがある。自然な形で結婚のタイミングが来ていると言える。

否定要素を払拭する対策

 ▶④対策［聖杯1／逆］
結婚に対する否定的感情がある。未経験のことに対する不安は、自然なものとして受け入れる。

未来の可能性を読み取る

 ▶⑤結果［塔／逆］
妊娠の発覚など、事態の急変により結婚を決めなければいけない状況、もしくは破談の暗示。

 プラスアルファ

［吊られた男／逆］否定面が耐えられず、［聖杯1／逆］結婚に否定的で、［塔］破談になる、というリーディングも可能。

リーディングのコツはこれだ！

メリットにある盲点やデメリットを克服する方法を読み取ること。結果がネガティブな場合は、「④対策」を丁寧に読もう。また、カードの意味は何重にも読み取れるので、一つのリーディングに固執しないように。

モデルトーク

あなたが考えている結婚に関する不安は、未経験によるものです。もう少し気を楽に持ちましょう。結婚すれば、お互いに助け合って、愛される喜びを味わうことができるでしょう。運命の流れは、結婚に向かっていく方向にあるようです。

例えば、妊娠が分かり、急に結婚の話がまとまる可能性が出ています。

また、まったく違う可能性も読めます。それは、近いうちに結婚の妨げになる大きな問題が露呈して、破談になることかもしれません。どちらにしても、近いうちに結婚に対する答えが出るでしょう。

 ルナのワンモアアドバイス

相談時に、メリット／デメリットに帰結する内容だと把握すること
メリット／デメリットが意識化されると、カードには相談者の無意識要素が示されやすくなる。メリットが落とし穴だったり、デメリットがあるからこそ上手くいったりする。カードを展開する前段階から、相談者が決断するためのプロセスになることを意識して占うこと。

"する／しない"を比較検討し 最終決定を促す

「肯定面」のポジションを"した場合"、「否定面」のポジションを"しない場合"と設定し、二つの行動を比較することができます。比較することで、ベストな対処法を知り、決断することができます。

占目「難関校を受験するかどうかを占う」

C君（中学3年生♂）は、夏休みから偏差値も上がりました。今まで想定していた高校より高いレベルの高校を受験した方がいいでしょうか？　合格できるでしょうか？

展開例

★占目に合わせ、①②のポジションの意味をアレンジしています。

③傾向
[剣5]

Check

5枚中4枚が正位置。正位置のカードが多いので、物事がスムーズに進むことを暗示している。

① 受験する
[星]

⑤結果
[金貨8]

② 受験しない
[聖杯4/逆]

④対策
[金貨ナイト]

Check

「肯定面」に大アルカナが出ている。リーディングの答えは、このポジションに現れる[星]のカードと言える。

Point "する／しない"という答えと、成功に導くリーディングを意識して読む

"する／しない"を明確にする

 ▶①受験する［星］
この志望校を目標とすることは正しい。願望実現のカード。気持ちを高く持ち、努力すれば受験は成功。

 ▶②受験しない［聖杯4／逆］
この志望校を受験しないと不満が残るが、合格後はそれまで気づかなかった新たな喜びが見い出せる。

受験に関する傾向を読む

 ▶③傾向［剣5］
学校や塾で受験に向かう緊張感があり、周りの人をライバル視しているため、人間関係が殺伐としている。

受験成功のための対策を読む

 ▶④対策［金貨ナイト］
人に振り回されず、自分のペースでコツコツと計画を持って勉強を進めること。

「結果」で答えを導き出す

 ▶⑤結果［金貨8］
日々の努力の積み重ねで、だんだんと力がつき、よい結果を出すことができる。

 **プラスアルファ**

［聖杯4／逆］は、元あるものより新しいものに興味を持つことを示す。「受験しない」ポジションでも、受験した方がよいと読む。

リーディングのコツはこれだ！

"する／しない"を占って、"する"にポジティブなカードが出ているので、答えは"する"となる。質問に対する答えが明確になれば、次は、成功のための注意や対策を読み、より具合的なアドバイスを読み取ること。

モデルトーク

　新しい志望校を受験しましょう。大丈夫ですよ、努力は必要ですが、その学校は合格圏内です。ただ、今のところは高い目標だと出ています。

　受験を前に、みんなも神経質になっているようですね。周りの人の言葉に振り回されないでくださいね。成績を順調に上げるためには、自分のペースでコツコツと努力を続けることです。今は高い目標であっても、努力を続ければ合格するでしょう。

　理想を高く持ち、最後まで気を抜かないで勉強を続けてください。

 ルナの コンビネーション リーディング

  ▶［金貨ナイト］＋［金貨8］
金貨のスートは、堅実さを意味する。［金貨ナイト］は目標を持って計画的に行動を遂行していく力を示し、［金貨8］はその継続を示す。この2枚の組み合わせは、将来大きな仕事を成し遂げる暗示。

第Ⅱ章　ギリシャ十字スプレッドを極める！

傾向と対策を読み取り 危機管理力を高める

ギリシャ十字スプレッドは、物事の側面を客観的に知るためのスプレッドです。肯定面／否定面が明確になれば、どのように物事を成功に導くかを、「傾向」と「対策」をもとに具体的に探ることができます。

占目「初デートの成功を占う」

D男さん（20歳♂社会人）は、仕事仲間の気になる女性を食事に誘いました。デートが上手くいって交際に発展させることができますか？

展開例

★占目に合わせ、①②③のポジションの意味をアレンジしています。

heck
①と②をデートに誘ってよかったかどうかと設定することで、相手にどんな影響を与えているかを知ることができる。

③ 進展
[聖杯3]

①デートに誘ってよかったこと
[剣ペイジ／逆]

⑤ 結果
[聖杯6]

②デートに誘って悪かったこと
[杖10／逆]

④ 対策
[隠者／逆]

heck
「対策」に大アルカナが出現。このことは、成り行き任せにするより策を用意することが大切であることを示す。

第Ⅱ章　ギリシャ十字スプレッドを極める！

Point　デートを成功させ、交際を発展させる方法を同時に読み取る

運勢の流れを読む
▶③進展［聖杯3］
楽しい雰囲気。3人の人物が描かれているように、恋人というより友達のような関係。

交際を発展させる対策を読む
▶④対策［隠者／逆］
賑やかすぎる場所は避け、薄暗い場所でのデートがいい。交際を周りに内緒にすること。

デートに誘うことで起こること
▶①誘ってよかったこと［剣ペイジ／逆］
「女性に対して不慣れな印象が、相手に対して好印象を与えている」と肯定的に読む。

▶②誘って悪かったこと［杖10／逆］
自分にも相手にも緊張感を作る。相手に対する情熱は大きいが、女性を喜ばせる手がない。

交際の可能性を読み取る
▶⑤結果［聖杯6］
交際できるが、子どもじみたつき合い。性的な関係にはなかなか進展しにくい。

ムードを示す聖杯のスートが2枚とも正位置なので、「いいムードのデートができる」と読める。

リーディングのコツはこれだ！

相談者の希望を理解し、望む結果を導くための対策をアドバイスする。「④対策」はカードのポジティブ／ネガティブに関係なく、成功を導く方法を示している。相談者にとって実現可能な方法を、具体的に読むこと。

モデルトーク

　もともと仕事仲間での楽しい雰囲気があったと思います。デートに誘ったことで、少し緊張感があるようですが、恋愛に不慣れな感じもお互い好印象に映るようです。
　デートでは、賑やかではない薄暗いムードのお店がオススメです。個室にするのもいいですね。あらかじめ予約するなど、事前に調べておいた方がいいようです。
　交際する流れになっていますが、二人ともシャイなのか、結ばれるまでには時間がかかるようです。ムードのあるデートを心がけましょう。それから社内では、周りの人には分からないように振舞う方がいいでしょう。

ルナの
コンビネーション
リーディング

▶［剣ペイジ／逆］＋［聖杯6］
［剣ペイジ／逆］は、知識はあるが経験がなく、理論を振り回す未熟さを表している。［聖杯6］は純粋ではあるが未熟な子どもを示し、この2枚の組み合わせは、行動で示されない思考を表している。

「結果」のポジションから読む 総合判断

リーディングの核となるカードがはっきりしていない場合は、「結果」のポジションを核として読みましょう。各ポジションは、結果に至るプロセスを示し、原因や理由を表していると考えて読み解きます。

占目 「イベントへ参加して、上手くいくかを占う」

Eさん（40歳前後♀）は、友達に誘われて、3ヶ月後のマラソンに参加しようと考えています。自信がないのですが、無事完走することができるでしょうか？

展開例

Check

ほとんどのカードが正位置。物事はスムーズに行われることを示し、聖杯のスートは、心理的感情的要素を表す。

③傾向
[聖杯7]

①肯定面
[聖杯ペイジ]

⑤結果
[金貨9/逆]

②否定面
[聖杯クィーン]

④対策
[杖10]

Check

大アルカナの出現なし。次に影響力のあるのは一般的に宮廷札。①肯定面[聖杯ペイジ]と②否定面[聖杯クィーン]

第Ⅱ章 ギリシャ十字スプレッドを極める！

oint 各ポジションのリーディングは、結果につながるように読む

「結果」のカードを最初に読む

▶⑤結果［金貨9／逆］
身体的な不調はないが、心が折れて完走できない。良い結果が得られることしかしたくない。

「傾向」で、その理由を探る

▶③傾向［聖杯7］
実際的な準備や練習をして用意するというより、イベントへの期待と不安を思い描いている。

「対策」からアドバイスをする

▶④対策［杖10］
肉体的な負担から逃げない。つらくても完走できる力はある。負けないために練習をする。

参加する意義を知る

▶①肯定面［聖杯ペイジ］
夢や目標を実現しようと思う無邪気な心は、イベントを楽しみたいと思っている。

▶②否定面［聖杯クィーン］
準備をしてもしなくても、心配性のため考え過ぎて行動できない。心の癖が参加に否定的。

＋α プラスアルファ

宮廷札は、人格的な特徴を示す。この場合、相談者の心の中にある二つの性質が葛藤している。

リーディングのコツはこれだ！

印象的なカードがない場合は、「⑤結果」に出たカードを中心に答えを出す。そのためには最初に結果を読み解き、その結果に至るプロセスを読む。今回は、宮廷札の心理的要素がリーディングの鍵となる。

モデルトーク

　不調や故障は占いに出ていないので、完走は不可能ではないでしょう。しかし、あなたの心は、楽しみたい気持ちもありますが、不安で揺れていますね。悩んでいるだけで準備しない状態が続くと、「完走できない」という考えに至って、だんだんと参加する意欲を失ってしまいそう。その気持ちを変えない限り、完走はできないでしょう。

　簡単に到達できないからこそ、挑戦する意味があり、やりがいがあるのです。気持ちを切り替えれば、練習も楽しめるはずですよ。

ルナのワンモアアドバイス

ネガティブな結果でも、明確に伝えることで次の発展につながる
悪い結果であっても、それをはっきり伝えることで、相談者はその時点から努力を始め、占いとは違う結果を引き寄せることができる。ネガティブな結果でも隠さず前向きに伝えれば、結果が変わることや新しい可能性が生まれることも多い。

第Ⅱ章　ギリシャ十字スプレッドを極める！

POINT 15

ダブルギリシャ十字で 二つの物事を比較する

ギリシャ十字スプレッドでは、物事のメリット／デメリットを整理することができます。二つのギリシャ十字スプレッドを同時にレイアウトすることで、さらに二つの物事を対比させ、比較検討することができます。

第Ⅱ章 ギリシャ十字スプレッドを極める！

占目「二人のうち、どちらとつき合えばよいかを占う」

婚活しているＦさん（30代後半♀）には今、二人の気になる男性がいます。ＡさんとＢさん、どちらの男性が結婚につながりますか？

▷展開例◁

③傾向
［運命の輪／逆］

▶Ａさんの場合

①肯定面　　　⑤結果　　　②否定面
［金貨10／逆］［金貨ナイト］［金貨キング／逆］

④対策
［金貨1／逆］

Check

ＡさんとＢさんの、二つのギリシャ十字を同時にレイアウトし、まずは大アルカナや正逆の割合を比較する。

③傾向
［剣5］

▶Ｂさんの場合

①肯定面　　　⑤結果　　　②否定面
［星］　　［皇帝／逆］　　［金貨8］

④対策
［杖ナイト／逆］

Check

Ｂさんの方が、正位置が多い。相談者は、ＡさんよりＢさんに対して肯定的な思いを持っていると言える。

38

Aさんのリーディング

▶①肯定面 ［金貨10／逆］
Aさんは経済的に安定していて、育ちがよい真面目な人。

▶②否定面 ［金貨キング／逆］
所有欲が強い男性。プライドが高く、金銭的に支配する。

▶③傾向 ［運命の輪／逆］
タイミングが合わず、なかなか交際が進まない。

▶④対策 ［金貨1／逆］
不安を具体化し、問題を一つひとつ解決し、交際を進める。

▶⑤結果 ［金貨ナイト］
交際は続くが、進展は遅い。恋愛的なときめきは少ない。

Bさんのリーディング

▶①肯定面 ［星］
Bさんは理想的な人。お互いの個性や生き方を尊重できる。

▶②否定面 ［金貨8］
仕事を頑張りすぎて、Fさんに気がまわらないところがある。

▶③傾向 ［剣5］
すれ違いが多くなると、お互いの気持ちを信頼できなくなる。

▶④対策 ［杖ナイト／逆］
お互いの情熱を正直にぶつけること。けんかが絆を深める。

▶⑤結果 ［皇帝／逆］
男性Bさんの仕事が安定しないと、交際は進まない。亭主関白。

リーディングのコツはこれだ！

それぞれのメリット／デメリットを対比すると、どちらを選ぶとよいかの判断材料になる。総合的な判断を下すには、「⑤結果」で答えを出す。「結果」が逆位置であっても、大アルカナの出ているBさんと縁がある。

モデルトーク

　Fさんは、AさんよりもBさんの方がいいと感じていますね。正位置のカードが多いですし、大アルカナが多いBさんに縁にあるようです。

　Aさんは経済的に安定していていいのですが、独占欲が強い人で、結婚への進展も遅いようです。Bさんは好みのタイプのようですね。ただ、仕事を優先する方のようで、彼の仕事が上手く進んで社会的な地位が確立したときに結婚の話が進みそうです。彼の出世も時間がかかるようですが、二人のどちらかを選ぶとしたら、縁のあるBさんをオススメします。

ルナの　ワンモア　アドバイス

比較検討した占いは、占者の立場から見て、どちらが良いか答えを出す
A／Bそれぞれ結果を読み取るだけでは、占いは完了していない。どんな占いも、相談に対する答えを出すことが必要。特に選択を占う場合は、比較表現することや、優劣をつけることなどを意識してリーディングし、どちらが良いかを相談者に伝えること。

第Ⅱ章　ギリシャ十字スプレッドを極める！

第Ⅲ章
二者択一のスプレッドを
極める！

✳ リーディングのヒントはココにある ✳

リーディングにおいて、選択の良し悪しをできるだけ明示すること。二者択一といっても、答えには複数の組み合わせがある。選択Aが良い、選択Bが良い、現状が良い、AもBも良い、AもBも悪いの、いずれかの答えを出す。

Aを選択した場合
▼

★相談に応じて、
オラクルを展開
する場合もある。

Bを選択した場合
▼

⑥
オラクル

④
遠い将来
A

⑤
遠い将来
B

②
近い将来
A

③
近い将来
B

①
現状

Hint

現状／選択A／選択B
と、3つのブロックに
分け、リーディングを
行うことで、選択が明
確になる。

Hint

②③近い将来、④⑤遠
い将来は、それぞれい
つを示すかを、カウン
セリングで明確にし
ておくと読みやすい。

①現状…現在の状況、もしくは選択前の状態や心理を示す。
②近い将来A…選択Aを選んだ場合の状況を示す。
③近い将来B…選択Bを選んだ場合の状況を示す。
④遠い将来A…選択Aを選んだ場合にどのように進展していくのかを読む。
⑤遠い将来B…選択Bを選んだ場合にどのように進展していくのかを読む。

選択による運勢の流れの違いを読む

二者択一のスプレッドでは、選択によって変わる運勢の流れを知ることができます。そして、選択の将来性を知ることで、より良い選択をすることができます。納得いく選択のためには、まず現状を知ることから始まります。

占目「A社とB社、どちらに入社すればよいかを占う」

Gさん（♂大卒予定）は、2社から内定をもらいました。Aは地方公務員職、BはIT関連企業ですが、どちらに入社した方がやりがいのある仕事ができますか？

▼

展開例

A：地方公務員職の場合　　　　　B：IT関連企業の場合

④遠い将来A
[金貨1]

⑤遠い将来B
[法王／逆]

②近い将来A
[女司祭長]

③近い将来B
[杖6]

①現状
[剣2／逆]

Check
「Aは地方公務員職とし、BはIT関連企業とする」と宣言し、カード展開の場を設定してからレイアウトする。

Check
AとBの比較をした場合、大アルカナの出現数は同じ。Aは正位置ということから、Aに進む方がよいと言える。

第III章──二者択一のスプレッドを極める！

Point 大アルカナの割合が同じ場合、正位置が多い選択Aがよいと読む

まず、現状を知る

 ▶①現状 ［剣2／逆］
物事を冷静に見れない。逆位置であるので、直感的な判断がつかない状態。

選択Aの運勢を読む

 ▶②近い将来A［女司祭長］
組織や上司に従い、従順に仕事をこなす。事務的な仕事や情報処理で才能を発揮する。

 ▶④遠い将来A［金貨1］
堅実に一歩ずつ仕事をこなし、金銭的な安定と満足感を得ることができる。

選択Bの運勢を読む

 ▶③近い将来B［杖6］
仕事に対する情熱を持ち、リーダーシップを発揮しながら、仲間と共に仕事をする。

 ▶⑤遠い将来B［法王／逆］
組織の弱体化。チームワークが上手くいかない。嫌な上司に阻まれて出世しにくい。

 **プラスアルファ**
「現状」の逆位置は、迷っている状態を示している。数札2の逆位置は、二つのものの間にある問題を意味する。

リーディングのコツはこれだ！

どちらの選択肢にも大アルカナが出ている場合は、現状からの流れを読む。この展開は、現状の［剣2］、近い将来の2［女司祭長］と、選択Aに数字2の流れがある。そして、正位置の多いAの方が、スムーズに進むと考える。

モデルトーク

　Gさんが興味を持っているのは、IT関連の企業ですね。公務員は地味な仕事と思っていますが、客観的に社会情勢などを考慮すると、公務員を選ぼうかと迷っています。

　長期的な展望を考えると、公務員の方が安定していますが、就職後の出世も想定内でしょう。ITの方は、将来、組織が弱体化する時期があると出ています。

　一つの会社に長く勤めることを希望するならば、公務員職を選んでください。将来的に転職して色々な仕事を経験したいなら、IT関連企業でもいいでしょう。

 **ルナの
コンビネーション
リーディング**

  ▶［女司祭長］＋［剣2］
小アルカナの数札は、大アルカナの性質を継承する。数札2の中でも、同じ数である2［女司祭長］の性質を強く受け継ぐ［剣2］。この組み合わせは、受動的で女性的な要素や直感的な知恵を示す。

POINT 17

近い将来と遠い将来 運命の矛盾を読み解く

二者択一の選択Aと選択Bにおいて、Aは近い将来が悪くて遠い将来が良く、Bは近い将来が良くて遠い将来が悪いとき、どのカードが相談者の真意に応じているかを見極めて、より良い選択を見定めます。

占目「歯の矯正をする／しないを占う」

Hさん（30代♀婚活中）は歯並びが悪いのが悩みです。矯正には費用も時間もかかりますし、躊躇しています。歯を矯正した方が、婚活は上手くいくでしょうか？

展開例

A：矯正する場合

B：矯正しない場合

④遠い将来A［節制］

⑤遠い将来B［聖杯5／逆］

②近い将来A［剣8／逆］

③近い将来B［力］

①現状［杖ナイト］

Check

歯の矯正をする／しないを占うが、相談者が真に知りたいことは、それにより婚活にどう影響するかということ。

Check

大アルカナの8［力］、そして［剣8］と、継続して事を成す意味を持つ数字8のカードが2枚出現。

oint 選択に対するアドバイスと、相談者の真意に対するアドバイスを行う

まず、現状を知る

▶①現状［杖ナイト］

良いと思うことに対して、難しいことでも挑戦しようと考える相談者の個性を示している。

選択Aの運勢を読む

▶②近い将来A［剣8／逆］

成し遂げるために、我慢が必要。逆位置なので、その辛抱も時間と共に解放に向かう。

▶④遠い将来A［節制］

時間と共に美しく整って、矯正は順調に進む。心身も自然と美しくなる。

選択Bの運勢を読む

▶③近い将来B［力］

矯正しなくても、婚活は頑張ることができ、自分の劣等感を克服することができる。

▶⑤遠い将来B［聖杯5／逆］

矯正した方がいいかと迷う気持ちが出ても、しなかった現状を受け入れ、納得できる。

 プラスアルファ ....

大アルカナは魂からのメッセージを示し、大アルカナのみでも答えを読むことができる。「婚活は、選択を超えて順調」と暗示している。

リーディングのコツはこれだ！

選択Aも選択Bもどちらも悪くない結果を示している。その場合は、相談者の真意に基づいて選択の答えを出すこと。婚活を基準に考えると、女性性の解放を示す［剣8／逆］の出ている選択Aをすすめる。

モデルトーク

　矯正する方がいいか、しない方がいいかにお答えすると、する方がいいでしょう。矯正することによって自分に自信が持て、女性としての魅力も解放されるからです。ただ、費用も時間もかかりますし、メンテナンスなどもわずらわしいでしょう。

　反対にしなかった場合は、した方がよかったかもと思うこともありますが、それはそれで婚活に悪い影響はないようです。

　タロットが伝えていることは、「歯の矯正を含めて、Hさんの婚活への努力は報われる」ということです。頑張ってくださいね。

 **ルナの
ワンモア
アドバイス**

大アルカナは、魂を導く霊的なメッセージを示している
どんなスプレッドにおいても、大アルカナは霊的なメッセージを示す。相談者の真意を理解すれば、大アルカナのみでも読み取ることができる。また、14［節制］と8［力］では、数の多い14［節制］の方が、より高いレベルの霊的なメッセージとして考えるとよい。

オラクルカードで 選択を超えた啓示を得る

POINT 18

選択に心が囚われると、近視眼的になりがちです。物事を俯瞰的に捉え、より良い選択を可能にするには、オラクルカードを追加するとよいでしょう。「オラクル」には、選択を超えた高次のメッセージが現れます。

占目「二人の女性のどちらを選ぶべきかを占う」

I男さん（30歳前後♂社会人）は、別れた恋人Aさんとも縁を切れないでいますが、最近出会った女性Bさんも気になります。気持ちをはっきりさせるアドバイスをください。

展開例

第Ⅲ章 ── 二者択一のスプレッドを極める！

A：別れた恋人の場合　　　　　　　　B：気になる女性の場合

⑥オラクル
「戦車 / 逆」

④遠い将来A
[悪魔]

⑤遠い将来B
[杖キング]

②近い将来A
[聖杯8 / 逆]

③近い将来B
[聖杯ペイジ]

heck
神からの啓示を意味する「オラクル」は、選択をするときに必要な視点や、選択を超えた大切なメッセージを示す。

①現状
[魔術師 / 逆]

heck
[悪魔]は悪縁を示すカード。大アルカナが出ている選択Aの方が、良いとは言えないが運命的な導きがある。

oint 運勢の流れを超えて、将来性のある未来を導くアドバイスをする

まず、現状を知る

▶①現状［魔術師／逆］
優柔不断な態度。両立は難しいと感じている。自分の都合のいいように嘘をつく。

近い将来の運勢を読む

▶②近い将来A［聖杯8／逆］
一度気持ちが離れたが、未練からよりが戻る。もう一度やり直す。

▶③近い将来B［聖杯ペイジ］
自分に好意を向けるかわいい女性。新しい恋を前向きに受け入れる自分の心。

遠い将来の運勢を読む

▶④遠い将来A［悪魔］
悪縁だと分かっていても、別れられない。性的なつながり。相手への執着と不信感。浮気。

▶⑤遠い将来B［杖キング］
恋を通して、男性としての自信を高める。愛する者を守る強さ。交際に関する責任感。

「オラクル」を読む

▶⑥オラクル［戦車／逆］
性衝動や若さゆえの恋の過ち。失敗するからこそ、正しい方向が分かって前に進める。

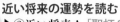

リーディングのコツはこれだ！

大アルカナは運勢の流れを示すが、［悪魔］はネガティブなカードなので、選択Bをすすめる。運勢の流れを理解すれば、それを踏まえてより良い方向をアドバイスする。オラクルはポジティブな視点で解釈すること。

モデルトーク

　あなたは、Aさんへの不満があっても、彼女の魅力に惹かれて別れられないようですね。Bさんは、純粋で尽くすタイプのかわいい女性のようです。彼女との交際を通して、自信が持てて仕事も頑張れるでしょう。将来は、Bさんと結婚を考えるようです。
　I男さん自身でも誰を選べばいいか分かっているでしょうが、恋に翻弄されていますね。ですが、今の迷いがあるからこそ、どんな恋がいい恋で、どんな女性が結婚相手にいいかを知ることができるでしょう。経験を通して賢い判断をしてください。

ルナのワンモアアドバイス

「オラクル」は、ポジティブな神のメッセージを得るときに使用する
「オラクル」は、レイアウトされたカードでは読めないときに用いるのではなく、占目を立てたときに神の視点のメッセージを得たい場合に用いる。逆位置や凶札であっても、その要素を肯定的に捉え、愛と知恵に満ちた神の言葉として読み取ろう。

第Ⅲ章　二者択一のスプレッドを極める！

三者択一の展開で
複数の選択肢に対応する

複数の選択肢があるときには、三者択一のスプレッドを展開しましょう。幾つかの選択肢の中から最も良いものを選ぶことや、選択肢の実践に優先順位をつけることで、心を整理することができます。

第Ⅲ章　三者択一のスプレッドを極める！

占目「どの病院で治療を受ければよいかを占う」

Jさん（60代♀）の病気の治療には、家の近くの病院Aがいいか、知人がすすめてくれた病院Bがいいか、名医のいるCがいいか、教えてください。

展開例

⑧オラクル
［剣4］

A:自宅に近い病院の場合

B:知人のすすめる病院の場合

C:名医のいる病院の場合

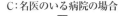

⑤遠い将来A
［杖4／逆］

⑥遠い将来B
［金貨3］

⑦遠い将来C
［世界／逆］

②近い将来A
［聖杯10］

③近い将来B
［剣6］

④近い将来C
［金貨5］

Check
正位置が多いので、どの病院でも治療は順調にいくが、大アルカナが出ている病院Cに運勢の導きがある。

①現状
［金貨7］

Check
病院選びを超えて、治療が順調にいくかどうかを占うための「オラクル」を使う。病院を示す［剣4］が出現。

oint 大アルカナが出ている選択Cがよいが、人の支えが治療の鍵

まず、現状を知る

▶①現状［金貨7］
いろいろな病院、いろいろな治療方法があり、悩む。

「現状」と同スート・大アルカナの選択C

▶④近い将来C［金貨5］
なかなか病院に入院できない。治療費用がかかる。

▶⑦遠い将来C［世界/逆］
希望通りの最善の治療を受けられるが、完治は難しい。

選択Aについて読み解く

▶②近い将来A［聖杯10］
家に近いことから、家族愛に支えられている実感。

▶⑤遠い将来A「杖4/逆」
家の描かれたカードの逆位置。家に帰りにくい。長期入院。

選択Bについて読み解く

▶③近い将来B［剣6］
新しい技術を取り入れた治療。順調に治療が進む。

▶⑥遠い将来B［金貨3］
丁寧な説明。医師・看護師・患者の協力関係で、よい治療となる。

「オラクル」を読む

▶⑧オラクル［剣4］
家族への愛が支えになる。治療をしっかり受けて、回復する。

＋α プラスアルファ

複数の人間が描かれているカードが、多数出現している。相談者を支えてくれるたくさんの人がいることを示す。

リーディングのコツはこれだ！

大アルカナが出ている選択Cがベストだが、どれもネガティブな答えが出ていないので、他の選択肢を選んでも悪くはない。「①現状」の［金貨7］は、金銭的な問題を意味するので、その部分も考慮するとよい。

モデルトーク

まず病気のことですが、しっかり治療を受けることで、普通の生活に戻れますよ。
　Cの名医の病院を希望されているようですが、なかなか空きがないですし、費用がかかりそうです。ただ、そこでの治療でも完治は難しいようです。
　次にいいのは、お知り合いのおすすめする病院Bです。
　治療自体は難しくないと出ていますので、どの病院でも構いません。家族の意見や費用を考慮して選んでもいいでしょう。病気はつらいことですが、多くの人の愛に支えられています。安心して治療に専念してください。

ルナのワンモアアドバイス

病占は、受診の有無を確認し、医療機関の治療方針を踏まえて占う
病占を行う場合は、治療の妨げにならないように占うこと。占いで病気を診断してはいけない。あくまでも、病気と闘う相談者の心を支えるためであることを自覚し、より良い治療法や治癒の可能性を見つけるために占いを用いること。

第Ⅲ章　「二者択一」のスプレッドを極める！

POINT 20

選択の結果を知ることで
長期的な視点を持つ

選択の近い将来、遠い将来を占う二者択一のスプレッドですが、さらに「結果」のポジションを追加することで、選択の結果を占うことができます。結果を知ることにより、より良い選択を促し、さらなる発展や可能性の発見につながります。

> 占目「今の彼との結婚か、別の相手を考えるべきかを占う」
>
> Kさん（27歳♀社会人）は、結婚を考えています。恋人は現在学生（24歳♂）で、交際3年目です。彼との結婚を考えるべきか、別の相手を考えるべきかを教えてください。

第Ⅲ章 二者択一のスプレッドを極める！

展開例

A：今の彼の場合
B：別の人を探す場合

⑥結果A
[剣ナイト]

⑦結果B
[節制]

④遠い将来A
[聖杯2/逆]

⑤遠い将来B
[聖杯5]

②近い将来A
[審判]

③近い将来B
[剣7]

①現状
[愚者]

Check
⑥⑦「結果」で総合判断をする。「結果」のポジションがあると、それまでのポジションはプロセスとなる。

Check
選択Aと選択Bに大アルカナが1枚ずつある。この場合、二つの選択に影響を及ぼす「現状」の[愚者]が占いの鍵。

「現状」の大アルカナ［愚者］が、リーディングの鍵となる

まず、現状を知る

 ▶①現状 ［愚者］
結婚に対する夢を持っているが、具体的な計画はない。

選択Aの運勢を読む

 ▶②近い将来A ［審判］
彼との結婚に覚悟を決めれば、結婚の話が進み出す。

 ▶④遠い将来A ［聖杯2／逆］
結婚話が進むにつれ、性格の不一致などが分かる。

 ▶⑥結果A ［剣ナイト］
彼は仕事は頑張るけれど、家庭を顧みない夫。

選択Bの運勢を読む

 ▶③近い将来B ［剣7］
他の相手を考えることは、恋人に対する裏切りと感じる。

 ▶⑤遠い将来B ［聖杯5］
今の彼より好きになれないが、条件のよい結婚相手との話。

 ▶⑤結果B ［節制］
生活をする中で、相手の愛を感じる。心と心が通じあう。

＋α プラスアルファ

選択Aは、［審判］家庭を持つと［聖杯2／逆］恋は終わる、と読むことができる。

リーディングのコツはこれだ！

現状から結果へのプロセスを見る。より良い選択は、「結果」に大アルカナ［節制］、3枚の正位置がある選択Bとなる。大切なことは、結果を踏まえて、今何をすべきかを「現状」の［愚者］から読み取ること。

モデルトーク

　おつき合いしている彼との結婚を考えるのが自然の流れですよね。他の人を探そうと思っても、今は恋人を裏切るような気持ちになるようです。

　しかし、納得のいく結婚は、別の相手を探す選択Bに出ています。大切なのは、あなたがどんな結婚生活を送りたいのかを、今しっかり考えることです。

　ただ「なんとなく結婚を」と思っているなら、今の彼と別れる勇気もなく、迷いながらも結婚の話を進めるでしょう。彼は社会人になると仕事を頑張りますが、家庭を顧みないところもあるようですよ。

ルナのコンビネーションリーディング

▶［審判］＋［聖杯2／逆］＋［剣ナイト］
［審判］は男女と子ども、家族が描かれている。［聖杯2／逆］は二人の不一致を示し、［剣ナイト］が続く。結婚を思い描いているときはよいが、二人の距離がだんだん離れていくと読む。

第Ⅲ章　二者択一のスプレッドを極める！

第Ⅳ章
ヘキサグラムスプレッドを極める！

THE DEVIL.

★ リーディングのヒントはココにある ★

運勢の流れを読み取りながら、良い結果を導くための方法を読み解くことができるスプレッド。中央の⑦最終結果がオラクル的な役割を果たしているので、このカードをリーディングの核として読み取るとよい。

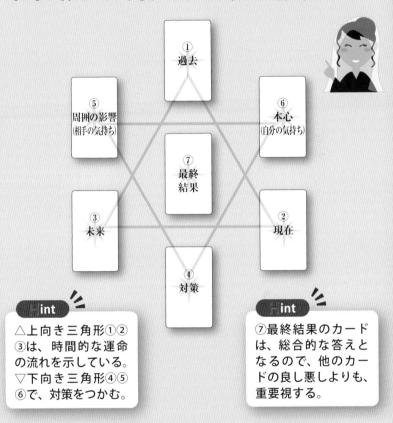

Hint

△上向き三角形①②③は、時間的な運命の流れを示している。▽下向き三角形④⑤⑥で、対策をつかむ。

Hint

⑦最終結果のカードは、総合的な答えとなるので、他のカードの良し悪しよりも、重要視する。

①過去…過去の運勢や過去の状態。ときに原因となっている要素を示す。

②現在…今の運勢や現状を示す。

③未来…現在から進展する未来を示す。近い未来。①〜③で運の流れをつかむ。

④対策…良い結果を導くための／悪い結果を回避するための、対策や方法を読む。

⑤周囲の影響…環境や対人関係からの影響。相性占いでは、相手の気持ちを示す。

⑥本心…本心や本音を確認する。相性占いでは、相手に対する自分の本心を示す。

⑦最終結果…結果, 結論を出すカード。③が近い未来なら、⑦は遠い未来。

前向きな気持ちを引き出す
ストーリーを構築する

リーディングの基本は、展開されたカードでストーリーを作ることです。
それが、主人公である相談者に勇気を与えるサクセスストーリーになることで、占いを超えたリーディングを可能とします。

第Ⅳ章──ヘキサグラムスプレッドを極める！

占目「仕事での今後の営業成績について占う」

Aさん（40代♀既婚／子あり）は、営業職に就いています。知識を高め、営業成績が上がるよう努力しています。上手くいくためのアドバイスをください。

展開例

①過去
[杖10／逆]

⑤周囲の影響
[金貨6]

⑥本心
[聖杯ナイト]

⑦最終結果
[杖クィーン]

③未来
[恋人たち／逆]

②現在
[杖3／逆]

④対策
[法王]

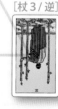

heck

大アルカナは、「未来」と「対策」に。重要なポジションである「対策」の[法王]が鍵となる。

heck

[杖]3枚の出現は仕事に対する情熱を表し、正 - 4枚、逆 - 3枚は、試行錯誤を示す。

oint 前向きな気持ちを引き出すサクセスストーリーを作る

過去・現在・未来を読む

▶①過去［杖10/逆］
たくさんの仕事を抱えて、オーバーワークとなり限界に至る。

▶②現在［杖3/逆］
営業目標までは遠い。けれども、仕事を応援してくれる人が近くにいる。

▶③未来［恋人たち/逆］
若さと勢いがあるが、まだ未熟。コミュニケーション不足。

周囲の影響を読む

▶⑤周囲の影響［金貨6］
困ったときに助け合う仕事仲間。お客様に喜ばれ、お互いに仕事を通して豊かになる。

「本心」から心理を読み取る

▶⑥本心［聖杯ナイト］
周りの人の気持ちを汲み取りながら、マイペースで進む。

最終結果を読む

▶⑦最終結果［杖クィーン］
女性としての社会的地位の確立。家庭と仕事の両立ができる。人を育てる才能。

「対策」から成功のコツを読む

▶④対策［法王］
組織力を高め、良い結果につながる。信頼できる上下関係。

+α プラスアルファ
［法王］［恋人たち］［金貨6］それぞれに描かれている3人の構図から、組織力を高めることを暗示。

リーディングのコツはこれだ！

プレゼンテーションは占いの結果を伝えるだけではなく、ポジティブな暗示を与えることができる。相談者の理想的な状態である最終結果［杖クィーン］に至る方法を読み取り、そのサクセスストーリーを語ること。

モデルトーク

　以前、一生懸命仕事をしていた時期には、良い成績を残せませんでしたね。今のAさんは、まだ安定して目標達成する実力には達していないようです。ですが将来には、家庭と仕事を両立し、充実している姿が現れています。

　安定した成績を維持するためには、周りの人と良い関係を作ることです。上司や同僚、部下とのコミュニケーションを取り、協力し合える環境を作りましょう。将来は、後輩も育つので、もっと働きやすい職場になるでしょう。

 ルナの コンビネーション リーディング

▶［法王］＋［恋人］
5［法王］、6［恋人］は3＋2＝5、3×2＝6であることから、3-男（能動）、2-女（受動）を示すカードと言える。この二つの組み合わせは、良縁や良好なコミュニケーションを意味する。

第Ⅳ章　ヘキサグラムスプレッドを極める！

叡智の結晶として結果を導き出す

六芒星は、「ダビデの星」と呼ばれる叡智を意味する形です。六芒星の中心には、完全なる調和と高次の智恵が降臨します。その他のポジションにネガティブなカードがあっても、それを克服する愛と智恵を得ることができます。

占目「良い引っ越し先が見つかるかどうかを占う」

Bさん（20代♀ 独身）は、年内にペットが飼える家に引っ越ししようと考えています。今の住まいと同じように、通勤しやすい場所は見つかるでしょうか？

▼

展開例

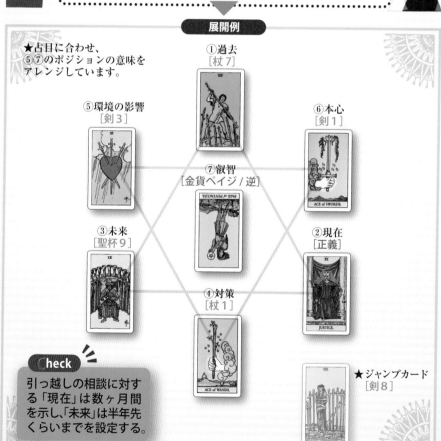

★占目に合わせ、⑤⑦のポジションの意味をアレンジしています。

① 過去
[杖7]

⑤ 環境の影響
[剣3]

⑥ 本心
[剣1]

⑦ 叡智
[金貨ペイジ/逆]

③ 未来
[聖杯9]

② 現在
[正義]

④ 対策
[杖1]

★ ジャンプカード
[剣8]

Check
引っ越しの相談に対する「現在」は数ヶ月間を示し、「未来」は半年先くらいまでを設定する。

第Ⅳ章 ヘキサグラムスプレッドを極める！

過去・現在・未来を読む

 ▶①過去［杖7］
今の住まいは、仕事をするのにはよいが、住まいとしては、心から安らげない。

 ▶②現在［正義］
条件に見合う物件が見つかり、契約は成立する。

 ▶③未来［聖杯9］
自分の夢を叶えている。落ち着きのある生活。

対策を読む

 ▶④対策［杖1］
引っ越ししたい気持ちはあるが、具体的ではない。実際に行動し始めること。

環境の影響を読む

 ▶⑤環境の影響［剣3］
住み慣れた環境から離れる寂しさ。別れのカード。

本心を読む

 ▶⑥本心［剣1］
引っ越しを通して、過去を断ち切って新しくスタートする。

高次の叡智とつながるためには

 ▶⑦叡智［金貨ペイジ／逆］
引っ越しプランを具体化すること。ペットと暮らすことをしっかり意識すること。

 **＋α** プラスアルファ

1枚のみ逆位置の［金貨ペイジ/逆］が、相談に対する問題点を示していると考えられる。

リーディングのコツはこれだ！

印象的にネガティブなカードは［剣3］のみ。全体像のイメージから、引っ越しは上手くいくと読める。「⑦叡智」は［金貨ペイジ/逆］で、高次からのメッセージは計画性と実行力のなさを注意している。

モデルトーク

すぐ活動すれば、良い物件が見つかり、数ヶ月後には無事契約できると出ています。新しい家は、ゆとりがあり、満足感も得られるでしょう。仕事運も上がりそうですよ。

ただ、引っ越ししようと思う気持ちがあっても、今の家を離れるのが寂しく感じられたり、なかなか実行できないようです。忙しいからというより、準備が面倒になったり、出費が痛く感じたりという理由から、引っ越しは計画倒れになる恐れがあります。それを克服するには、「ペットと暮らしたい」という気持ちを強く持つことですね。

ルナのワンモアアドバイス

ジャンプカードは、占う前に押さえておくべき客観的なメッセージ
ジャンプカードとは、レイアウトする前段階のシャッフル時に、飛び出したり、めくれてしまったカード。ジャンプカードには、第三者的なメッセージが現れるので、天使からのアドバイスと考える。今回の［剣8］は、簡単に動けないことを示す。

男女和合のスプレッドで 出会いを占う

出会いを占う場合は、素敵な恋ができるように願いを込めて占うと、相談者も占う人も楽しい気持ちで占うことができます。陰陽統合の図形でもあるヘキサグラムスプレッドは、恋愛に関する占いにおすすめです。

占目「結婚につながる出会い運を占う」

Cさん（30代前半♀）に、結婚につながるような素敵な出会いはいつつあるでしょうか？ 良い出会いのためにどうすればいいか、アドバイスをください。

左余白（縦書き）：
第Ⅳ章 ── ヘキサグラムスプレッドを極める！

▼ 展開例

①過去
[剣キング]

⑤周囲の影響
[死神／逆]

⑥本心
[杖2／逆]

⑦最終結果
[聖杯4／逆]

③未来
[杖9／逆]

②現在
[女帝]

④対策
[剣10／逆]

heck
逆位置が多い占いは、相談者の前向きになれない意識状態や迷い、停滞を示す。

heck
[死神][剣10]など、ネガティブなカードのリーディングは、言葉を選んで表現すること。

oint 逆位置の多さは、相談者の前向きになれない気持ちを表している

過去・現在・未来を読む

 ▶①過去［剣キング］
社会的な成功。恋愛のムードがない。もしくは、仕事のできる男性との縁があった。

 ▶②現在［女帝］
女性的な魅力を上手にアピールできる。社交的になれば、出会いの可能性は高い。

 ▶③未来［杖9/逆］
見定めているうちに、チャンスを逃しそう。受身になりすぎている。

周囲の影響を読む

 ▶⑤周囲の影響［死神/逆］
環境的な要因で女子力が衰退。今の環境は出会いがない。

本心を読む

 ▶⑥本心［杖2/逆］
恋愛より仕事を選ぶ。周りにいい人がいなくて、結婚はほど遠いと思っている。

対策を読む

 ▶④対策［剣10/逆］
過去の恋愛に対するこだわりを捨てること。新しい出会いや、新しい環境に出向くこと。

最終結果を読む

 ▶⑦最終結果［聖杯4/逆］
考え方を変えると、新しい出会いがありそう。

 プラスアルファ
宮廷札は、本人の性格を示すか、対人関係を示す。

リーディングのコツはこれだ！

大アルカナを核とすると、［女帝］の女らしさを持っていても、周囲の影響［死神］は、環境的な影響で自分を活かせないことを表す。結果［聖杯4/逆］は、新しい人生の視点を持つことを示す。

モデルトーク

　今の環境では、異性との出会いはないようです。環境を変えるように意識してください。Ｃさんは女性として魅力的な人ですが、仕事での成功体験があるので、恋愛より仕事を選ぶ傾向にあります。

　仕事のキャリアは恋愛には通用しないので、その意識を捨てることが大切です。もし、心の中で終わっていない恋があるならば、それをきちんと終わらせることも大切です。

　新しい出会いのチャンスは近いうちにあるようですよ。

 ルナの コンビネーション リーディング

▶［死神］＋［剣10］＋［女帝］
［死神］と［剣10］は死をイメージさせる、終わりを示すカード。［女帝］を伴うことによって、何かが死に、何かが生み出されるという意味になる。

占うことで縁結びができる
ヘキサグラムの技法

△は男性性エネルギー、▽は女性性エネルギーを象徴します。二つの三角形を統合した六芒星の形は、男女の絆を強めます。ヘキサグラムスプレッドは、占いを通した縁結びのおまじないとしても使えます。

占目「恋人との結婚の相性を占う」

Dさん（20代後半♀）は、1年つき合っている恋人がいます。Dさんは結婚を考えていますが、彼の本心はどうでしょうか？　この人との縁を教えてください。

展開例

★占目に合わせ、⑤⑥⑦のポジションの意味をアレンジしています。

①過去
[剣9/逆]

⑤相手の気持ち
[金貨2]

⑥自分の気持ち
[金貨クィーン/逆]

⑦縁
[月]

③未来
[杖ペイジ/逆]

②現在
[剣クィーン/逆]

④対策
[太陽]

Check
レイアウト前の瞑想で、△に男性、▽に女性をイメージし、三角を重ねて六芒星を創造。

Check
相談者の胸（ハート）に六芒星が重なるイメージを持って、レイアウトを始める。

第Ⅳ章　ヘキサグラムスプレッドを極める！

Point 相談者の心の光と影を示す、[太陽]と[月]を中心に読む

過去・現在・未来を読む

▶①過去 [剣9/逆]
悲しい別れを経験。これ以上寂しい思いはしたくない。安心できる結婚を求めている。

▶②現在 [剣クィーン/逆]
相手を冷静に理解しつつ、交際を進めているが、結婚に良い相手だと思い込もうとしている。

▶③未来 [杖ペイジ/逆]
楽しい交際。結婚にはなかなか進展しない。子どもっぽく頼りない相手。

対策を読む

▶④対策 [太陽]
悩みをオープンにする。家族に紹介すれば祝福される。

彼の気持ちを読む

▶⑤相手の気持ち [金貨2]
交際は楽しいが、まだまだ遊んでいたいと思っている。結婚のための貯金もない。

自分の本心を読む

▶⑥自分の気持ち [金貨クィーン/逆]
彼のことを離したくないと思っているが、経済的に不安のある結婚はしたくない。

二人の縁を読む

▶⑦縁 [月]
彼との結婚へ至る道が見えるが、将来への不安がある。

 プラスアルファ
「相手」と「自分」は同一スートの[金貨]なので、良い相性と言える。

リーディングのコツはこれだ！

この占いは、縁結びのための特別なもの。縁を作るカードは、相談者のハートにある[月]。18[月]は、祝福される結婚に至る道が見えている19[太陽]の一つ前のカードなので、[太陽]に導くリーディングをすること。

モデルトーク

Dさんと彼との関係は良好ですね。でも彼はまだ結婚を考えてはいないようです。Dさんは、結婚相手としてふさわしいだろうかと考えながら交際していますが、彼は子どものような人ですね。あなたの結婚したい気持ちや、不安に感じている気持ちを彼に伝えましょう。そうすれば、二人の縁が強まります。お互いに愛し合っているのだから、きっと分かり合えるはず。

ご家族にも、恋人を紹介するとよいでしょう。きっと二人の交際を応援してくれます。そうすることで結婚につながる道が見えています。

ルナのワンモアアドバイス

同じ相談を繰り返し占いたい場合は、スプレッドを変えること
タロット占いは、神からのメッセージをカードに降ろしている、と考える。再三同じ相談をすることは、神に対しての不信を意味し、正しいメッセージが降りにくい。特に、おまじないとしてこのスプレッドを使う場合は、何度も占わないようにすること。

第Ⅳ章 ヘキサグラムスプレッドを極める！

潜在的な要素を読むには
伏せ札を使う

相談者自身も気づかない情報などを深くリーディングをしたいとき、「伏せ札」を使うことで潜在意識が受け取りやすくなります。また、同じスプレッドでも捨て札を使うなどのアレンジをして、深く読み取ることができます。

占目「職場での対人関係を占う」

Ｅさん（40代後半♀）は、職場の人間関係に悩んでいます。仕事を続けるためには、どうすればいいでしょうか？　特に上司とのつき合い方についてアドバイスください。

▶ **展開例** ◀

★レイアウトするときの捨て札（P18）を、伏せ札として使用します。

★伏せ札　[愚者]
[杖2]　[死神]　[塔]
[聖杯7/逆]　[金貨ペイジ]

①過去
[剣ペイジ/逆]

⑤周囲の影響
[皇帝/逆]

⑥本心
[聖杯4/逆]

⑦最終結果
[隠者]

③未来
[金貨7/逆]

②現在
[剣ナイト]

④対策
[聖杯1/逆]

★伏せ札　[杖9]
[剣1/逆]　[剣6/逆]
[金貨1/逆]　[金貨10]
[金貨ナイト/逆]

heck

運命的な要素を示す大アルカナは、⑤周囲の影響と⑦最終結果。ここがポイントとなる。

第Ⅳ章　ヘキサグラムスプレッドを極める！

Point 伏せ札をリーディングすることで潜在意識を知り、占いの参考とする

運勢と周囲の影響を知る

 ▶①過去 ［剣ペイジ / 逆］
神経をいつも研ぎ澄ましている。周りを信じられない。

▶①の伏せ札 ［死神］［塔］ほか
仕事に対する真面目さ。悲惨な体験やつらい経験。孤独感。

 ▶②現在 ［剣ナイト］
過去よりキャリアアップ。逆風に負けないで仕事に集中。

 ▶③未来 ［金貨7 / 逆］
つらい仕事。思う結果がなかなか出てこない。一人で悩む。

 ▶⑤周囲の影響 ［皇帝 / 逆］
負けたくないので虚勢を張る。理不尽な上司。孤独。

人間関係をよくする方法を読む

 ▶④対策 ［聖杯1 / 逆］
たくさんの愛を与える。感情的にならずに、受け流す。

▶④の伏せ札 ［剣1］［金貨1］ほか
「今日が新しい一日になる」と気持ちを切り替え、仕事を継続。

「本心」から心の支えを知る

 ▶⑥本心 ［聖杯4 / 逆］
神の導きを感じる。ゆとりを持って状況を見る心がある。

最終結果を読む

 ▶⑦最終結果 ［隠者］
離職しないで、周囲と距離を取り、仕事を進めている。

 **リーディングのコツはこれだ！**

伏せ札を使うリーディングであっても、基本のポジションのカードで運勢を読み取り相談に答えること。「①過去」に対する伏せ札は、潜在的な情報。「④対策」に対する伏せ札は、対策実行のための潜在力を示している。

モデルトーク

人間関係の悩みは続いているけれど、今日まで続けてきたのだから、これからも頑張っていきましょう。職場で孤立は感じるかも知れませんが、感情的にならないで精神的に距離を取るとよいでしょう。

上司は、Eさんが出世して自分を脅かすんじゃないかと驚異を感じているようです。器の小さい上司を馬鹿にして張り合うより、過去のことを水に流し、尊敬できるところを見つけたり、相手の話を聞くようにすると、状況が改善されるでしょう。

 ルナの コンビネーション リーディング

  ▶［剣1］＋［金貨1］ など数札1の組み合わせ
数札1はスタートを示し、1が複数枚あると、始めたいけれど計画がない状態を示す。2枚あると、受動的な要因による始まり。3枚あると、不安ながらも運命的なスタートを切ることを意味する。

第Ⅳ章 ─ ヘキサグラムスプレッドを極める！

場にないカードから
意識していない心を読む

一般的なリーディングでは、レイアウトされたカードを読みますが、出ていないカードを読み取ることで、重要でない問題を知ることができたり、無意識的に見たくないこと、気にかけていないことを知ることができます。

占目「健康上の悩みを占う」

Fさん（20代♂独身）は、最近、仕事のストレスのせいか、アトピーで悩んでいます。早く治すにはどうしたらいいですか？　いつ頃になると落ち着くでしょうか？

展開例

★⑥のポジションに「身体の声」を設定し、普段は意識されていない身体からの声にフォーカスします。

①過去
[杖1/逆]

⑤周囲の影響
[剣3]

⑥身体の声
[剣9/逆]

⑦最終結果
[聖杯10/逆]

③未来
[聖杯ペイジ]

②現在
[杖6/逆]

④対策
[聖杯3]

★ボトムカード
[剣キング]

Check

[金貨]がなく、[聖杯]が3枚出現。相談者は肉体的要素より、情緒的要素を意識している。

第IV章　ヘキサグラムスプレッドを極める！

Point 健康占いとして、病状のきっかけを探ってアドバイスする

過去・現在・未来を読む

▶①過去 ［杖1/逆］
アトピーの症状が出始める。抑えられない状態。そのために、イライラしてしまう。

▶②現在 ［杖6/逆］
症状に気を取られ、自信を失う。物事に積極的になれないが、進まなければならない。

▶③未来 ［聖杯ペイジ］
専門的な知識を得る。遊び心を持ち、苛立ちを解消。

対策を読む

▶④対策 ［聖杯3］
人間関係の修復。友達との交流でストレス発散するのも良い。暴飲暴食には注意すること。

周囲の影響を読む

▶⑤周囲の影響 ［剣3］
信頼できる人との関係に傷。人間関係におけるショック。

身体の声を聞く

▶⑥身体の声 ［剣9/逆］
プレッシャーやストレスで弱っている。心は休めていない。

最終結果を読む

▶⑦最終結果 ［聖杯10/逆］
楽観的な気持ちで生活する。ストレスから解放されると、症状からも解放される。

+α プラスアルファ ・・・・・・・・・・・・・・・
大アルカナの出現しない占いは、運命的な出来事や霊的成長に関する占いではないことを示す。

リーディングのコツはこれだ！

肉体的な問題に悩んでいるが、［金貨］は出現していない。食などの物質的なことよりも、2枚の［剣］に相談者のストレスや、3枚の［聖杯］に感情的な問題が現れているので、そこにフォーカスして占うこと。

モデルトーク

　Fさんのおっしゃるように、人間関係によるストレスが発症の要因の一つになっています。
　プレッシャーなどで心は疲れているのですが、頑張らなければと仕事を進めています。未来では症状は解消されているようですので、生活などの乱れを整えて、専門的な知識を得て生活しましょう。
　人間関係で傷ついた心は、友達との交流を通して癒すとよいでしょう。傷ついた心が癒される頃に、症状からも解放されると出ています。

**ルナの
ワンモア
アドバイス**

ボトムカードを使うと、潜在的なメッセージを読むことができる
レイアウト後に、リーディングを深めるために、残りのカードの山の一番底にある「ボトムカード」を使用する。ボトムカードには、相談者と占者へのメッセージが現れる。今回の［剣キング］は、どんなときも自分に自信を持って生きることを暗示している。

第Ⅳ章 ヘキサグラムスプレッドを極める！

宮廷札が多いときは
対人関係と個性を読む

宮廷札には、(1)特定の人物や対人関係を表す場合と、(2)本人の個性や性格的特徴を示す場合、(3)状況や状態、心理を表す場合があります。1枚の宮廷札が誰を示すのか、何を表すのかを確認しながら占いましょう。

占目「クラブ活動での今後の活躍について占う」

Gさん（中学2年生♀ バレーボール部）は、今度の試合のレギュラーになりたいと考えています。レギュラーになり、強くなるためのアドバイスをください。

▼ 展開例

①過去
[聖杯クィーン]

⑤周囲の影響
[杖キング / 逆]

⑥本心
[剣ペイジ]

⑦最終結果
[杖ナイト / 逆]

③未来
[杖1]

②現在
[金貨ナイト]

④対策
[聖杯キング]

heck
宮廷札が多過ぎる。これは、相談者が対人関係の影響を受けやすいことを意味している。

heck
小アルカナのみの出現は、運命的な出来事ではなく、日常的な課題や問題を示す。

第Ⅳ章 ヘキサグラムスプレッドを極める！

oint 思春期特有の、周りに影響されて不安定になる心理状態を理解する

過去・現在・未来を読む

▶①過去［聖杯クィーン］
周りの人への気配り。チームが
うまく回るよう貢献。

▶②現在［金貨ナイト］
練習を堅実にこなし、レギュラー
選出に向けて努力する。

▶③未来［杖1］
チャンスをつかむ。レギュラー
の座をつかみ取る。やる気。

周囲の影響を読む

▶⑤周囲の影響［杖キング/逆］
先輩や高い実力の人に気圧され
る。目立とうとするが、結果が
出せない。情熱の空回り。レギュ
ラーに執着。

「本心」から心理を読み取る

▶⑥本心［剣ペイジ］
みんなライバルだと思って警戒
する。練習に励む。

最終結果を読む

▶⑦最終結果［杖ナイト/逆］
実力不足。良い結果を残すには、
失敗を含め経験が必要。

「対策」から成功のコツを読む
▶④対策［聖杯キング］
大きな心を持つこと。チームワー
クを考えて練習すること。

＋α プラスアルファ ・・・・・・・・・・・・
［キング］は先輩レギュラー、［ナ
イト］はレギュラー、［ペイジ］
は補欠。［クィーン］は受容者な
ので、サポーターと考える。

━━━ リーディングのコツはこれだ！ ━━━

78枚で占うときは、大アルカナを核に読み解くが、展開されたカードが小
アルカナのみの場合、宮廷札を核とする。宮廷札が複数枚あるときは、社
会的要因や人格的要因で不安定な心理や運勢を示す。

━━━ モデルトーク ━━━

　Gさんの努力の結果が現れてレギュラーをつかみ取ると出ています。しかし、その後は
先輩レギュラーに気圧され、力不足もあって、結果を出すのが難しいようです。
　Gさんのいいところは、みんなを思いやり、周りの人の力を引き出すところです。個
の力をつけることも大切ですが、グループの力をつけることも大切ですね。
　今回レギュラーになっても、次になれるとは限らない。勝ったり負けた
りしながら、みんなの心が一つになるよう頑張ってみて。みんなで勝利す
ることを考えて、練習しましょう。

**ルナの
コンビネーション
リーディング**

▶宮廷札の組み合わせで人間関係を見る
［キング］＋［ナイト］、［ナイト］＋［ペイジ］
は上下関係を、［キング］＋［ナイト］＋［ペイジ］
は組織を示す。また、［キング］＋［クィーン］は
パートナーを示す。

第Ⅴ章
ケルト十字スプレッドを極める！

THE EMPEROR.

✺ リーディングのヒントはココにある ✺

このスプレッドは、⑥未来で夢が叶っているかどうかを読み、⑩最終結果で、夢が叶った（叶わなかった）結果、どうなるのかを読むこと。それにより、現時点を起点に、いろいろな対策を考え、成功へ導くリーディングを行う。

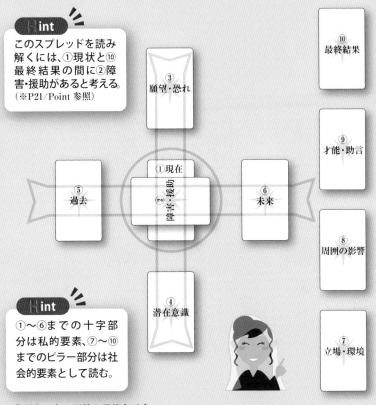

Hint

このスプレッドを読み解くには、①現状と⑩最終結果の間に②障害・援助があると考える。
（※P21／Point 参照）

③
願望・恐れ

⑩
最終結果

⑨
才能・助言

①現在
②障害・援助
⑤
過去
⑥
未来

⑧
周囲の影響

④
潜在意識

⑦
立場・環境

Hint

①〜⑥までの十字部分は私的要素、⑦〜⑩までのピラー部分は社会的要素として読む。

①現在…今の運勢や現状を示す。
②障害・援助…悪いカードなら障害や課題、良いカードなら援助として読む。
③願望・恐れ…相談者が強く意識していること。顕在意識。思考。
④潜在意識…家庭や生活など、対象者の背景や潜在する要素、状況を示す。
⑤過去…過去の運勢や過去の状態。ときに原因となっている要素を示す。
⑥未来…近い未来を示す。目標が達成されているかどうかを読む。
⑦立場・環境…相談者の立場や相談者を取り囲む環境を示す。
⑧周囲の影響…環境からの影響や対人関係による影響を読む。
⑨才能・助言…社会に発揮できる才能や相談者の期待、アドバイスを示す。
⑩最終結果…遠い未来。目標が達成された結果どうなるかを読む。

POINT 28 正位置／逆位置は重要でなく カードの出現に意味がある

タロット占いは、そのカードが出現したことに意味があります。カードは正位置／逆位置とでは意味が違いますが、逆位置でも正位置のように読む場合やその逆の場合もあります。相談者の進むべき道を示唆する読み方をしましょう。

占目「不倫恋愛をこの先も続けていけるかを占う」

Aさん（40代♀ 既婚／子あり）は、彼（40代♂ 既婚／子あり）と、なかなか会えません。お互いの家庭を壊さないでおつき合いを続ける方法を教えてください。

展開例

Check

逆位置過多は、無意識からの否定的なメッセージを意味する。進んでも、上手くはいかないことを示す。

③願望・恐れ
[力／逆]

⑩最終結果
[吊られた男]

⑤過去
[杖キング／逆]

①現在
[剣4／逆]

⑥未来
[金貨9／逆]

⑨才能・助言
[悪魔／逆]

②障害・援助
[聖杯6／逆]

⑧周囲の影響
[杖7／逆]

④潜在意識
[月／逆]

Check

[悪魔][月]は、不倫を示す。相談者の状況を示すカードが出ているのは、集中して占いができている証拠。

⑦立場・環境
[杖ペイジ／逆]

第Ⅴ章 ケルト十字スプレッドを極める！

oint 唯一の正位置で大アルカナである［吊られた男］を核として読む

心理を読む

 ▶③願望・恐れ［力/逆］
相手を支配したい欲望。恋しいと思う衝動を抑えられない。

 ▶④潜在意識［月/逆］
三角関係。不信を持ちながらつき合う。夢はいつかは冷める。不安が解消されるまでつき合う。

運命の流れを読む

 ▶⑤過去［杖キング/逆］
夫に対する不満。良くないと思いながら彼に惹かれる。強引さ。

 ▶①現在［剣4/逆］
相手を思うだけで、待ちくたびれる。暇。発展しない交際。

 ▶⑥未来［金貨9/逆］
愛人のカード。お金の問題で縁遠くなり、気持ちが離れる。

社会的な状況を読む

 ▶⑦立場・環境［杖ペイジ/逆］
自由な時間やお金がない。社会的弱者。自己主張できない。

 ▶⑧周囲の影響［杖7/逆］
周りの人より自分は劣っている。自分の味方はいない。孤独。

 ▶⑨才能・助言［悪魔/逆］
不倫の恋にはまり、抜けられない。自信喪失。活力を奪われる。

結果と援助を読む

 ▶②障害・援助［聖杯6/逆］
幼稚な恋の幻想からの卒業。成長すること。未来を夢見る。

 ▶⑩最終結果［吊られた男］
求められると応じてしまう。つらい状態を耐えてこそ、真の愛がある。愚かさに気づけば別れられる。

＋α プラスアルファ
2/3以上が逆位置なら、全部の正逆を入れ替えて読む場合もある。

リーディングのコツはこれだ！

最終結果の［吊られた男］は、続けられる、と読み取れる。しかし、相談者の心理や才能は［悪魔］などによって損なわれている。正位置は［吊られた男］のみなので、正しい視点で人生を見つめることを示している。

モデルトーク

　おつき合いの継続は可能ですが、苦しいものとなるでしょう。逆さ吊りのカードは、本来のあるべき姿ではないことを示しています。一時的な欲求は満たせても、満足できません。あなたは恋に翻弄されても、彼は恋に振り回されることはないので、不安と無力感が大きいようです。
　あなた自身は、制限のある中でも喜びを感じているので、辛くても続けていけるでしょう。ですが、あなたの活力は奪われます。本当に幸せになりたいなら、自分の力でつかめる幸せを考えましょう。人生に夢を描いてみてください。

 ルナのワンモアアドバイス
愛を持って、建設的で創造的な人生へのアドバイスを行う
　占いをしていると、不倫の相談もあるだろう。相手の人生や生き方を決して否定することなく、その人とその周りの人の幸せ、そして占い師であるあなた自身も幸せになるアドバイスを行うことが、占いで最も大切なことだと言える。

第Ⅴ章　ケルト十字スプレッドを極める！

援助を知って
ピンチをチャンスに変える

「障害・援助」のポジションでは、良いカードは援助になり、悪いカードは課題となります。しかし、課題を克服することでその人の能力が引き出されるので、やはり援助として扱い、成功を導くにはどうしたらいいかを読みましょう。

占目「学校でのいじめについて占う」

Bさん（高校生♀）は、SNSでのやり取りをきっかけに学校で孤立してしまっています。先生にも家族にも言い出せません。どうしたら上手くいきますか？

展開例

Check
［剣10］［金貨5］など、悲惨な状態を示すカードは、相談者の悲しみやつらい状態を示している。

③願望・恐れ
［女帝／逆］

⑩最終結果
［聖杯9］

⑨才能・助言
［正義／逆］

⑤過去
［女司祭長］

①現在
［剣10］

⑥未来
［杖3／逆］

②障害・援助
［聖杯クィーン／逆］

⑧周囲の影響
［聖杯2／逆］

④潜在意識
［金貨キング］

⑦立場・環境
［金貨5／逆］

Check
［聖杯クィーン］［女帝］、2［女司祭長］、数札2の［聖杯2］は、相談者の受動的性質を示している。

Point 試練の克服として、援助の［聖杯クィーン／逆］を中心に読み解く

運命の流れを読む

▶⑤過去［女司祭長］
周りの状況を黙って受け入れていた。賢くておとなしい従順な優等生。自分の意思を主張できない。

▶①現在［剣10］
辛らつな言葉に傷つく。長期間の苦痛に耐えられない。

▶⑥未来［杖3／逆］
物事と、距離を置いて考える。応援してくれる人が出てくる。

心理を読む

▶③願望・恐れ［女帝／逆］
私はセンスがよく、愛される存在だ。自分の思うようにしたい。

▶④潜在意識［金貨キング］
努力をして物事を成功させる強さ。頑固さや粘り強さ。

社会的な状況を読む

▶⑦立場・環境［金貨5／逆］
心配をかけたくない思いで、相談できず、一人で悩んでいる。

▶⑧周囲の影響［聖杯2／逆］
気持ちが伝わる友達との別れ。理解者や仲のよい友達がいない。

▶⑨才能・助言［正義／逆］
原因があって結果がある。自分の態度を直すと、人間関係が変わる。

援助と結果を読む

▶②障害・援助［聖杯クィーン／逆］
現実から逃げない。ちゃんと事実を受け入れる。助けを求める勇気。間違いを正す信念を持つ。

▶⑩最終結果［聖杯9］
お互いが気持ちを分かち合うことで円満になる。愛と自信を持つ。

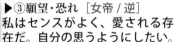

リーディングのコツはこれだ！

相談者のつらい状態に寄り添うリーディングを行う。被害者意識のままでは解決は困難なので、自分にできることを考えてもらうこと。「②援助」や「⑨才能」を中心に、勇気を引き出すリーディングをするとよいだろう。

モデルトーク

　Bさんは優しいから、ことを荒立てないように我慢していたのですね。本当につらいよね。よく頑張りましたね。あなたは強い人ですよ。だけど、これからは黙っていてはいけません。勇気を持って、先生や家族に相談しましょう。困ってる人が黙っていて、みんなで知らないふりをする学校生活は寂しいじゃないですか。自分や誰かを傷つけることで成り立つ円満でいいのでしょうか？

　あなたの優しさを正しく使いましょう。勇気を出して。まず家族に相談しましょう。

ルナのワンモアアドバイス

相手占いの場合、言葉を選んで語る思慮深さが必要
この相談内容の原因の一つに、相談者の閉鎖的な性格やわがままなどが考えられる。占う内容や相談者によって、原因を明確にしても現状を変える力になるとは思えないときには、それを話さないこともある。原因は占いをする上での情報として理解し、占いを進めるとよい。

第Ⅴ章　ケルト十字スプレッドを極める！

心の力を引き出すには 潜在意識と顕在意識を読む

運命は心が作ります。ケルト十字スプレッドの十字部分から、心理と運命の流れを読むことができます。潜在意識（無意識）を顕在化（意識化）することによって、自分が本当に求めているものが分かります。

占目「離婚を検討していることについて占う」

Cさん（30代♀ 結婚10年/子あり）は、夫の浮気と言葉の暴力などで結婚生活が上手くいかず、離婚を検討しています。アドバイスをください。

展開例

第Ⅴ章 ─ ケルト十字スプレッドを極める！

Check
[塔][剣3]は、三角関係を示すカード。離婚を考える要因は、これらのカードに示されている。

③願望・恐れ
[剣3]

⑩最終結果
[審判/逆]

⑤過去
[世界/逆]

①現在
[杖クィーン]

②障害・援助
[塔]

⑥未来
[剣1/逆]

⑨才能・助言
[金貨クィーン]

④潜在意識
[恋人たち/逆]

⑧周囲の影響
[聖杯ナイト]

⑦立場・環境
[剣2/逆]

Check
家庭円満や夫婦円満を示す[恋人たち][世界][審判]すべて逆位置なので、上手くいっていないことを表している。

Point 「結果」は［審判／逆］で離婚を示す。理由は十字部分で心理を読む

結論を読み解く

▶②障害・援助［塔］
強い衝撃。関係の破綻。築き上げたものが破壊される。

▶⑩最終結果［審判／逆］
家族の離散、復活は無理。一度決めた心は変わらない。

▶⑥未来［剣1／逆］
決意。これ以上傷つきたくないので別れる。試練の始まり。

理由を心理から読む

▶③願望・恐れ［剣3］
裏切りに傷つき、ショックで立ち直れない。別れを考える。

▶④潜在意識［恋人たち／逆］
コミュニケーション不足。伝わらない愛。恋が冷める。未経験のことに対して考える力がない。

社会的な状況を読む

▶⑦立場・環境［剣2／逆］
離婚するメリットとデメリットが交錯する。感情的になり、立場や現実を見ていない。社会的孤立。

▶⑧周囲の影響［聖杯ナイト］
仕事など社会活動や、夫との話し合いを促される。接近男性あり。

▶⑨才能・助言［金貨クィーン］
経済的安定を得る能力。地に足をつけて取るべき行動を考える。

今、取るべき態度

▶⑤過去［世界／逆］
不満はあっても、円満な生活を送っている。世間を知らない。

▶①現在［杖クィーン］
自分に誇りを持って、母として正しいと思う選択をすること。

リーディングのコツはこれだ！

大アルカナで大筋を読む。［塔］［審判／逆］は離婚を暗示し、［恋人たち／逆］は伝わらない思いを示す。過去を振り返り、どんな人生を送りたいのかを［世界／逆］から読み、離婚について考えるリーディングをする。

モデルトーク

　幸せな生活が音を立てて壊れてしまったことが、カードに示されています。Cさんはご主人のことを愛していらっしゃったんですね。ですが、彼の裏切りと変貌でとても傷ついている。

　占いは、離婚を示しています。元の家庭生活を営むことは難しく、夫婦関係は破綻しています。それでも結婚生活を継続することもできるようですが、離婚を選んでも、経済的にも母親としても女性としても、自立して生きることができるでしょう。近い未来に、決断するときがやってくるでしょう。

**ルナの
コンビネーション
リーディング**

▶［剣1］＋［剣2］＋［剣3］
剣のカードは、決意や意思、社会性を示し、自らの意思で人生を創造する力を示す。［剣1］［剣2］［剣3］のコンビは、自分の意思を持って生きる生き方を一歩ずつ始めることを示す。

理想の実現のために社会的要素と才能を読む

ケルト十字スプレッドの十字部分は、個人的要素による運勢を示します。右側のピラー（柱）部分からは、社会的要因による運勢をリーディングし、個人がどのように社会に関わっていくのかを読み取ります。

占目「経験を活かした転職について占う」

Dさん（30歳♂ 会社員）は、もともと技術職でしたが、会社の方針で、現在は営業職に就いています。技術職への転職は上手くいきますか？

展開例

heck
大アルカナが4枚出現。運命的な影響の強い占いといえる。正位置の［魔術師］［太陽］がポイント。

③願望・恐れ
［聖杯8］

★十字部分は「今の会社での運勢」、ピラー部分は「就職活動」と設定。占目に合わせ、⑦のポジションの意味をアレンジしています。

⑩最終結果
［金貨2］

⑤過去
［戦車/逆］

①現在
［節制/逆］

②障害・援助
［剣クイーン］

⑥未来
［魔術師］

⑨才能・助言
［太陽］

④潜在意識
［杖4/逆］

⑧周囲の影響
［金貨3］

heck
レイアウトされたカードに、暗い印象のカードが少ないので、ポジティブなメッセージが表れていると読む。

⑦社会的環境・状況
［剣7］

今の会社での運勢の流れ

▶⑤過去[戦車／逆]
成績が伸びない。気持ちが前向きにならない。力不足。経験不足。

▶①現在[節制／逆]
効率が上がらない。仕事が合わない。会社の指示でしかたなくする。

▶⑥未来[魔術師]
新しいスタートへの準備。持っている知識や技術を仕事に活かす。

心理を読んで、転職動機を探る

▶③願望・恐れ[聖杯8]
未練はあるが、今のところを去って、どこか違うところに行く。

▶④潜在意識[杖4／逆]
営業職は専門外で、仕事に上手くなじめていない。問題はないが、今の部署に歓迎されていない。

転職結果と援助を読む

▶⑩最終結果[金貨2]
変化を示す。転職できるが満足していない。経済的には良くない。

▶②障害・援助[剣クィーン]
状況を見極めて退職し、新しい会社への転職準備を整えること。

求職活動について社会的な状況は

▶⑦社会的環境・状況[剣7]
転職に向けて密かに根回ししている。転職への情報収集が必要。

▶⑧周囲の影響[金貨3]
周りの人に相談。家族の理解と協力。就職斡旋会社に登録する。

▶⑨才能・助言[太陽]
才能が高く評価される。自信を持って意欲をアピールする。才能を社会に活かしたいという情熱。

リーディングのコツはこれだ！

社会的要素（就職活動）部分の4枚のカードはすべて正位置なので、転職は順調と読める。このピラー部分のボトム「⑦状況」から「⑩結果」に向けて時間の流れを意識すると、社会活動の運勢の流れが読める。

モデルトーク

　納得のいかない異動で、営業職は技術職と勝手が違って苦戦していますね。今は内緒で転職準備しているかもしれませんが、技術職への再異動を会社に相談しましょう。そして異動見込みがないなら、堂々と転職準備を始めてはいかがでしょうか？
　Dさんの技術は社会的にも高く評価され、新しい会社にすぐに決まるようですが、所得などの条件は今の会社より下がると出ています。技術職への自信と情熱をアピールすることが大切で、今の会社でも技術職への異動の可能性がありそうです。

ルナの
コンビネーション
リーディング

▶[魔術師]＋[金貨3]
[魔術師]は机に並べた道具を使う技や知識を示し、[金貨3]は教会の建設と修復という高い技術の聖なる仕事を示す。この2枚の組み合わせは、専門的で高い技術や知識を意味する。

第Ⅴ章──ケルト十字スプレッドを極める！

可能性を引き出すために
ポジションに囚われず読む

スプレッドにはそれぞれのポジションにテーマが設定されていますが、ポジションに囚われずにリーディングをすることで、いろいろな要素や可能性を読み取ることができます。ケルト十字スプレッドでの例をご紹介します。

占目「支払いに関する金銭的な悩みを占う」

Eさん(20代♀社会人／独身)の金運について教えてください。毎月のローンや支払いがスムーズにできて、この先、金銭的余裕ができるでしょうか？

展開例

Check

[聖杯]が0枚。現状を受容していない。[金貨]が1枚。経済観念や具体的な計画性の低さを示す。

③願望・恐れ
[杖2/逆]

⑩最終結果
[剣7]

⑤過去
[剣8/逆]

①現在
[力/逆]

⑥未来
[杖7/逆]

⑨才能・助言
[杖4/逆]

②障害・援助
[正義]

⑧周囲の影響
[悪魔/逆]

④潜在意識
[愚者/逆]

⑦立場・環境
[金貨2]

Check

逆位置が過多。長期間この問題に悩んできたことや、問題の解決ができない無力感を示している。

第V章　ケルト十字スプレッドを極める！

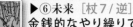 **共通するイメージのカードを続けて読み、全体的な意味をつかむ**

未来と結果の、数7のテーマ

 ▶⑥未来［杖7／逆］
金銭的なやり繰りでゆとりがない。心の余裕がない。負ける。

 ▶⑩最終結果［剣7］
他者に内緒で借りる。人をだます。裏切り。窃盗。

課題となる大アルカナを読む

 ▶①現在［力／逆］
支出コントロールができない。欲求を抑えられない。

 ▶④潜在意識［愚者／逆］
無計画で行き当たりばったりの性格。アイデアがない。

 ▶⑧周囲の影響［悪魔／逆］
誘惑に負ける。趣向品をやめられない。借金。強い欲望。

課題となる要素を読む

 ▶③願望・恐れ［杖2／逆］
大きな野心。孤独。長期的な展望を立てることが難しい。

 ▶⑤過去［剣8／逆］
我慢の限界。忍耐力不足。苦しみからの解放。盲目的。

 ▶⑦立場・環境［金貨2］
お金のやり繰り。お金の貸し借り。遊びに使うお金。変化。

 ▶⑨才能・助言［杖4／逆］
浪費家。装飾過剰。賑やかなことが好き。暇つぶし。

改善策を示すカードを読む

▶②障害・援助［正義］
支出と収入のバランスを考える。自分を律する強い意志。

リーディングのコツはこれだ！

全体的なイメージから、カードの示すメッセージをつかむ。［悪魔／逆］［剣7］など非社会的なカードが出現しているので、あえて危機感をあおることで、問題に取り組む意識を高め、［正義］を強調すること。

モデルトーク

　毎月の支払いが多いと大変ですよね。収入が増える暗示は出ていませんので、支出を減らすことが必要です。なによりも、自分を律する気持ちが大切です。まずは遊びを控えましょう。あなたは誘惑に弱いので、つき合いも考えるべきです。危機意識を持ちましょう。支払いのために嘘をついたり、借金をする未来が出ています。

　人をたぶらかす悪魔を選ぶか、支出と収入のバランスや身分相応の生活を考えて生きる正義を選ぶか。未来を決めるのは、あなたの覚悟次第です。

 ルナのワンモアアドバイス

金運を占うときは、主な支出と収入の方法を事前に確認しよう
手元にあるお金を増やすには、支出を減らすか収入を増やすかしかない。収入を増やす方法は、⑴労働　⑵贈与　⑶投資・ギャンブル　⑷借金　⑸相続　⑹不動産や権利収入などがある。現実的にどんな方法を考えているのか、事前に聞いて占うとよい。

第Ⅴ章　ケルト十字スプレッドを極める！

ベストカードを見つけて 幸運を呼び込む

通常は大アルカナを中心にカードを読み解きますが、大アルカナには幸運を意味しないものもあります。その場合、相談者の可能性をもっとも引き出すベストカードを核にして占うとよいでしょう。

占目「現在所属する会社での仕事運を占う」

Fさん（25歳♀ 事務職）の仕事運を教えてください。現在、人が少なくて、仕事が上手く回りません。仕事が安定するのはいつですか？

展開例

Check
スートは[金貨]が最も多い。金貨のスートは、仕事を示す。うち3枚が逆位置なので、相談者の苦悩を表す。

③願望・恐れ
[聖杯4]

⑩最終結果
[金貨ペイジ／逆]

⑤過去
[金貨10／逆]

①現在
[隠者／逆]
②障害・援助
[金貨7／逆]

⑥未来
[金貨1]

⑨才能・助言
[金貨キング]

⑧周囲の影響
[杖9／逆]

④潜在意識
[剣ナイト／逆]

Check
"いつ？"という質問に対して、「未来」は数ヶ月先、「結果」は4ヶ月～半年先くらいを設定しておく。

⑦立場・環境
[剣6]

第V章　ケルト十字スプレッドを極める！

ベストカードを軸として読む
▶⑨才能・助言［金貨キング］
経験豊か。安定した能力。仕事への自信。堅実なリーダー。

仕事のスート［金貨］を読む
▶②障害・援助［金貨7/逆］
頑張っても良い結果が得られない。努力のしがいがない。

▶⑤過去［金貨10/逆］
古い体制の組織。過去は安定していたが、陰りがさす。

▶⑥未来［金貨1］
今までやってきたことの結果が出る。新しい形式。

▶⑩最終結果［金貨ペイジ/逆］
頑張っても、立場は報われない。仕事のやる気がしない。

仕事に前向きな意識
▶④潜在意識［剣ナイト/逆］
難しい仕事に挑戦したいという気持ちがあるが、発揮されていない。

仕事に否定的な大アルカナ
▶①現在［隠者/逆］
会社での疎外感。意見を聞いてもらえない。一人での仕事。

仕事に悩むカード
▶③願望・恐れ［聖杯4］
現状に満足できない状況。新しい援助を望んでいる。

▶⑦立場・環境［剣6］
新しいシステムを導入する。スムーズに仕事を進める。

▶⑧周囲の影響［杖9/逆］
準備が整わない状態で仕事を進めている。間に合わない。

リーディングのコツはこれだ！

通常は大アルカナを核にするが［隠者］は社会的活動に適さない。仕事に前向きなカードは［金貨キング］［金貨1］［剣6］［剣ナイト/逆］なので、宮廷札である［金貨キング］をベストカードとして読む。

モデルトーク

　Ｆさんは経験や実績もあり高い能力をお持ちですが、環境が上手く整わないので満足のいく仕事ができないようです。しかし、数ヶ月後に頑張ってきたことの結果が現れ、落ち着くでしょう。
　ただそれは一時的なことで、職場環境は改善されないようです。一個人であるＦさんの頑張りだけでは解決できない組織的な問題ですので、無理しないで続けていくことが大切です。組織の問題を自分の問題として捉え、組織作りや後輩の育成に力を入れるといいでしょう。

ルナのワンモアアドバイス

"いつ？"に答えるためには、ポジションに時間を設定して占う
"いつ？"という相談に対応するには、ポジションに時間設定するとよい。特に時間設定をしなかった場合、「現在」は現在から前後1ヶ月くらいが現れ、「未来」は2、3ヶ月くらい先、「最終結果」は4ヶ月〜半年先くらいが現れやすい。

結果を明確にして
夢を実現させる占いをする

ケルト十字スプレッドは、最終結果と現在の間にある障害を明確にすることで、成功方法を導きます。そのためにはまず、成功イメージを明確にし、具体的な課題と対処方法を読み取りましょう。

占目「お見合いの結果と婚活のアドバイスを占う」

Gさん（40代♂未婚）は婚活中です。先月、お見合いで出会った女性と結婚が決まるでしょうか？　結婚についてのアドバイスをください。

展開例

heck

「最終結果」の［聖杯2］は、相談にふさわしい理想的な未来を暗示する。成功イメージを与えるカード。

③願望・恐れ
［杖ペイジ / 逆］

⑩最終結果
［聖杯2］

⑤過去
［剣4/ 逆］

①現在
［節制］

⑥未来
［杖6］

⑨才能・助言
［聖杯9/ 逆］

②障害・援助
［聖杯ナイト / 逆］

④潜在意識
［金貨クィーン］

⑧周囲の影響
［杖10/ 逆］

⑦立場・環境
［吊られた男］

heck

正 - 5枚、逆 - 5枚は、躊躇を示す。結婚するためには、あまり急いで話を進めない方がよい、という暗示。

[聖杯2]で成功イメージを高め、成功するための力を引き出す

成功イメージの「結果」を読む

 ▶⑩最終結果 [聖杯2]
幸せな結婚。気持ちを分かり合える相手。ロマンス。

成功プロセスを遡行してみる

 ▶⑥未来 [杖6]
積極的に交際を進める。周りの応援を得て順調に進む。

 ▶①現在 [節制]
ゆっくりと時間をかけて愛を深める。気持ちが通じ合う。

 ▶⑤過去 [剣4/逆]
仕事が一段落。結婚への思いがあっても活動していない。

強い意識、願望と恐れ

 ▶③願望・恐れ [杖ペイジ/逆]
恋人への強い思慕。恋愛を楽しみたいという気持ち。

相談者の背景と影響を読む

 ▶⑦立場・環境 [吊られた男]
結婚しなければならないという社会的なモラルに縛られている。

 ▶⑧周囲の影響 [杖10/逆]
仕事を抱えすぎている。結婚に対する周りからのプレッシャー。結婚観の変化。

 ▶④潜在意識 [金貨クィーン]
家庭生活や結婚によって安定するという堅実さ。

 ▶⑨才能・助言 [聖杯9/逆]
恋に適応できるか分からないが、仕事への自信を持っている。

成功のための課題を知る

 ▶②障害・援助 [聖杯ナイト/逆]
誠実さをアピールすること。ゆっくりと結婚を進めること。

リーディングのコツはこれだ!

願望実現の意欲を高めるには、未来の成功ビジョンをしっかり持った上で、プロセスを遡行して現在に至る方法が効果的。成功した未来のイメージは、現在ある障害を乗り越える勇気や力を引き出すことができる。

モデルトーク

　今の女性との交際は、結婚に至るようです。それは積極的に結婚の話を進めていった結果ですが、今は結婚に急ぎ過ぎると恋愛のムードが失われ、相手の感情を理解できない男性と見られる恐れがありますので、お互いの心が通い合えるよう、ゆっくりと交際を進めましょう。
　仕事をするのとは違って、感情を大切にしながら、今のお相手との交際を進めてください。そして気持ちが通じ合っているという手応えを得てから、積極的に進めてみましょう。そうすれば順調に話が進み、幸せな結婚に至る、と出ています。

ルナの
コンビネーション
リーディング

▶[12 吊られた男]＋([13 死神])＋[14 節制]
大アルカナは、霊的成長のプロセスを示す。[吊られた男]＝意識の変化によって、[死神]＝変容が起こり、[節制]＝浄化される、というように、隠れた[死神]のカードを読むこともできる。

第Ⅴ章　ケルト十字スプレッドを極める!

象徴カードを用いて
的中率を上げる

相談者と占う対象者が違う「第三者占い」を行うときは、対象者を象徴する
カードを使うことで、的中率を高めることができます。対象者の性質を示す
カードを、宮廷札の中から1枚選んで占います。

占目「第三者の病気の経過について占う」

Hさん(50代♀主婦)のご主人(50代)は、癌の治療中です。
治療は順調に進みますか？ Hさんが心がけることがあれ
ば何でしょうか？ 教えてください。

第V章 ── ケルト十字スプレッドを極める！

展開例

Check
夫の社会的立場や
人柄から、[金貨
キング]を象徴カード
にチョイス。残
りの77枚を占いに
使う。

③願望・恐れ
[運命の輪 / 逆]

★ご主人の象徴カード
[金貨キング]

⑩最終結果
[金貨6]

⑤過去
[剣8]

①現在
[星]

⑥未来
[金貨5 / 逆]

⑨才能・助言
[女帝 / 逆]

②障害・援助
[金貨8]

④潜在意識
[女司祭長]

⑧周囲の影響
[聖杯6 / 逆]

Check
この占いは第三者
が対象の占いなの
で、相談者へのア
ドバイスを得るため
にオプショナル
カード⑪を出す。

⑪Hさんへのアドバイス
[太陽 / 逆]

⑦立場・環境
[恋人たち]

Point 16［塔］の破壊の次は17［星］の癒し。［星］を核として占う

夫の運命の流れを読む

 ▶⑤過去［剣8］
癌の診断を受け、絶望している。

 ▶①現在 ［星］
心身に負担の少ない最新の治療法。治療への希望が持てる。

 ▶⑥未来 ［金貨5／逆］
治療に関する経済的問題。死ぬのではないかという孤独と絶望。

 ▶③願望・恐れ［運命の輪／逆］
天が自分を見放したような失意。体力や気力の低下などによる不安。時間がないという焦り。

 ▶④潜在意識［女司祭長］
運命を受け容れて生きる覚悟。

 ▶②障害・援助［金貨8］
治療を続ける経済力と忍耐力。

治療環境を読む

 ▶⑦立場・環境［恋人たち］
いろいろな人から、癌に関する治療の情報が入る人脈がある。

 ▶⑧周囲の影響 ［聖杯6／逆］
周りの人に自分の気持ちを素直に伝えられない。子どもとの関わり。

 ▶⑨才能・助言［女帝／逆］
人生が恵まれていたことや妻への感謝の気持ちを表現できない。

 ▶⑩最終結果［金貨6］
治療にかかるお金を用意できて、良い治療が受けられる。

オプショナルカードを読む

 ▶⑪Hさんへのアドバイス［太陽／逆］
あなたの存在そのものが生きる勇気を与えているので、無理して明るく振舞わなくていい。嘘はばれる。

リーディングのコツはこれだ！

相談者から聞き取る対象者の情報については、事実を把握することが必要だが、読み取った占いの結果は、そのままよりも相談者の理想に沿うように伝える。今回は、治療が上手くいく［星］が核になる。

モデルトーク

　ご主人の癌の治療は、最新の治療法によって高い効果が得られると出ています。費用が少しかかるようですが、保険や援助などで治療費をまかなうことができるでしょう。

　ご主人は病気を通して、自分が人に支えられ、恵まれた人生を送ってきたことに気づいたようです。言葉にしていなくても、Hさんへの感謝の気持ちを持っています。

　ご主人を支えるために、Hさんは自然体でいるのがいいようです。あなたがそばにいるだけで、ご主人の支えになっていますよ。

ルナのワンモアアドバイス

第三者占いは、相談者の親族などの運勢を占うときに使う
第三者占いは、相談者と縁がありながらも、直接関与できない親・子ども・兄弟や配偶者などの第三者が対象。占うのは第三者の運勢だが、相談者への配慮も忘れないように。なお、いたずらに第三者の運勢を見たり、第三者と別の他人との相性占いはしないこと。

第V章　ケルト十字スプレッドを極める！

第VI章
ホロスコープスプレッドを
極める！

THE MOON.

✲ リーディングのヒントはココにある ✲

このスプレッドは、どのハウスで何を占うかを明確にして行う。自分を示す
①ハウスと、中央の総合的な運勢を読み取る⑬、相談のテーマとなるハウス
を重要視し、優先順位をつけて読むとよい。カードをコンビネーションさせ
ることでも、深いリーディングが可能となる。

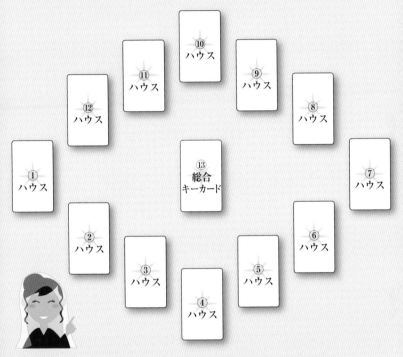

①ハウス…自分、個性、体質、性格的要素、顕在意識。自分を示すハウス。
②ハウス…金運、所得、所有、お金の稼ぎ方、お金の使い方。物質のハウス。
③ハウス…隣人、兄弟、旅行、コミュニケーション、学習、初等教育。思考のハウス。
④ハウス…家族、住居、母親（両親）、墓。家庭のハウス。
⑤ハウス…恋愛、子ども、勝負事、スポーツ、芸術、投資、自己表現。創造のハウス。
⑥ハウス…仕事、健康管理、労働、職場、部下、ペット。自己管理のハウス。
⑦ハウス…出会い、対人関係、結婚、パートナー、契約、社交性。結婚のハウス。
⑧ハウス…セックス、死、遺産と相続、手術、異性運、先祖。霊的ハウス。
⑨ハウス…学問、外国、マスコミ、宗教、法律、高等教育、遠方旅行。精神のハウス。
⑩ハウス…名誉、上司、社会運、会社組織、地位、天職、父親、社長。社会のハウス。
⑪ハウス…サークル、友人、希望、団体、SNS、コミュニティ、趣味。友愛のハウス。
⑫ハウス…休養、病気、ボランティア、隠れた敵、引退、潜在意識。悲しみのハウス。
⑬総合・キーカード…全体的な運勢を総評するカード。ハウスを超えたメッセージ。

一定期間の全体的な運勢を読み取る

ホロスコープスプレッドは、占者が指定した一定期間のさまざまな運勢を、一つのスプレッドで知ることができます。人生のさまざまな側面を同時に知ることで、運勢を総対的に読み取ることができます。

第Ⅵ章 ── ホロスコープスプレッドを極める！

占目「一年間の運勢について占う」

Aさん（30代♂ 会社員/独身・恋人なし/親と同居）の今年の運勢を教えてください。特に、仕事と趣味のフットサルに関するアドバイスをください。

展開例

⑩ハウス
名誉・上司・社会運
[聖杯7/逆]

⑪ハウス
サークル・友人・希望
[法王/逆]

⑨ハウス
学問・海外・マスコミ
[剣キング]

⑫ハウス
休養・病気
[聖杯8/逆]

⑧ハウス
セックス・死・相続
[剣10/逆]

①ハウス
自分・個性・体質
[杖5]

⑬総合・キーカード
[金貨4/逆]

⑦ハウス
出会い・対人・結婚
[聖杯3]

②ハウス
金運・所有
[世界]

⑥ハウス
仕事・健康問題
[聖杯5]

③ハウス
思考・兄弟・旅行
[杖8]

⑤ハウス
恋愛・スポーツ
[聖杯10]

④ハウス
家族・住居・母親
[杖3/逆]

heck

全体運を占うので、相談者の現状を把握し、各ハウスの意味を展開前に設定しておくこと。

heck

大アルカナ2枚、杖3枚、聖杯5枚、剣2枚、金貨1枚。[聖杯]は、情緒的な活動を示す。

oint 相談者の興味あるポイントから読み取っていく

 総合的な運勢を読む
▶⑬総合・キーカード［金貨4/逆］
安定した一年。執着を捨てることが開運のカギ。

 ▶①ハウス［杖5］
活動的で忙しい一年。スポーツなどに情熱を注ぐ。葛藤が多く、心理的には落ち着かない。

興味のあるハウスから読む

 ▶⑥ハウス［聖杯5］
失敗に囚われて、前向きな気持ちになれない。やる気がない。

 ▶⑩ハウス［聖杯7/逆］
仕事に対する夢が消える。成功のためには現実的な計画が必要。

 ▶⑤ハウス［聖杯10］
目標達成。チームワークで勝利する。恋愛は結婚に発展する。

 ▶⑪ハウス［法王/逆］
フットサルのコーチと合わない。SNSの人間関係にわずらわされる。

その他の運勢を読む
 ▶②ハウス［世界］
経済的安定。欲しいものが手に入る。

 ▶③ハウス［杖8］
活発な情報のやり取り。頭の回転が速い。旅行運あり。

 ▶④ハウス［杖3/逆］
家のことより、仕事などの社会活動に気持ちがある。

 ▶⑦ハウス［聖杯3］
複数の女性との出会いや交際。もてる時期。円満な人間関係。

 ▶⑧ハウス［剣10/逆］
身近な人や憧れの人の死などで、死を意識するような経験あり。

 ▶⑨ハウス［剣キング］
専門的知識や技術の取得。留学や仕事での海外出張に吉。

 ▶⑫ハウス［聖杯8/逆］
後悔や未練に関する問題をやり直す気持ちが芽生える。

リーディングのコツはこれだ！

リーディングの手順としては、全体運をつかんだら、相談者の興味に対応するハウスから読み始めるとよいだろう。また、仕事運を読む場合、⑥ハウス・仕事運や⑩ハウス・社会運などを関連づけて読もう。

モデルトーク

　Aさんの今年の運勢の特徴は、経済的に安定していること。現状維持の年になるでしょう。
　フットサル活動を楽しめ、試合の成績も期待できそうです。お仕事の方は、目標を失いやすい年です。仕事に関連した資格取得など、専門的な知識を高めるとよいでしょう。
　恋人はいないそうですが、複数の女性との出会いがあると出ています。
　健康上の問題もなく、忙しい年になりますが、心理的にはどう生きるかを考える一年になりそうです。

 **ルナの
ワンモア
アドバイス**

12ハウスに12星座の期間を対応させ、一年間の運勢をつかむ
各ハウスに12星座を対応させ、一年間の運勢を読むことも可能。①ハウスは牡羊座3/21〜4/20、②ハウスは牡牛座4/21〜5/20と、星座の期間を設定する。その場合は、「一年間占い」をすると決め、それ以外の読み方はしないこと。（※『もっと本格的に人を占う！究極のタロット 新版』参照）

POINT 37

課題が明確にならない 漠然とした不安を解決する

ホロスコープスプレッドは人生のさまざまな側面を示すので、具体的な相談が明確にならないときや、人生に対する漠然とした不安を抱えているときに、原因や解決策を探ることができます。

占目「心理的な問題を探る」

Bさん（30歳♀ 会社員/独身一人暮らし）は、恋も仕事も上手くいかず、体調もかんばしくありません。気持ちも優れません。どうしたらいいか教えてください。

▼

展開例

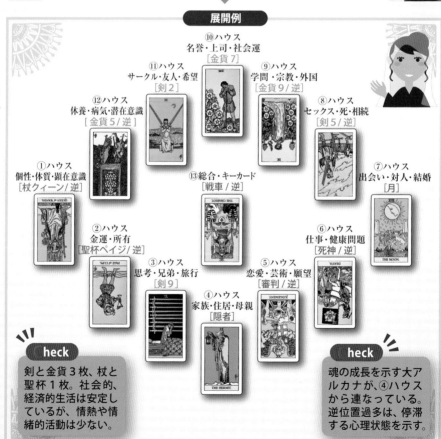

⑩ハウス
名誉・上司・社会運
[金貨7]

⑪ハウス
サークル・友人・希望
[剣2]

⑫ハウス
休養・病気・潜在意識
[金貨5/逆]

⑨ハウス
学問・宗教・外国
[金貨9/逆]

⑧ハウス
セックス・死・相続
[剣5/逆]

①ハウス
個性・体質・顕在意識
[杖クィーン/逆]

⑬総合・キーカード
[戦車/逆]

⑦ハウス
出会い・対人・結婚
[月]

②ハウス
金運・所有
[聖杯ペイジ/逆]

⑥ハウス
仕事・健康問題
[死神/逆]

③ハウス
思考・兄弟・旅行
[剣9]

⑤ハウス
恋愛・芸術・願望
[審判/逆]

④ハウス
家族・住居・母親
[隠者]

heck
剣と金貨3枚、杖と聖杯1枚。社会的、経済的生活は安定しているが、情熱や情緒的活動は少ない。

heck
魂の成長を示す大アルカナが、④ハウスから連なっている。逆位置過多は、停滞する心理状態を示す。

第Ⅵ章 ─ ホロスコープスプレッドを極める！

oint 基本的運勢と心理をつかみ、アングル（①④⑦⑩）ハウスを読む

運勢と心身的要素の健康を読む

 ▶⑬総合・キーカード［戦車 / 逆］
自暴自棄になる。前進する勇気のなさ。
失敗することへの不安。

 ▶①ハウス［杖クィーン / 逆］
女性として自信が持てない。嫉妬や怒
りなどを溜め込んでいる。

 ▶⑫ハウス [金貨 5 / 逆]
孤独に対する恐れ。みじめな気持ち。
すがりたいけど、すがるものがない。

 ▶③ハウス［剣 9 ］
不安が心を占めている。愛するものを
失った悲しみ。孤独。

 ▶⑨ハウス［金貨 9 / 逆］
海外生活への憧れ。女性としての自分
を磨く。勉強にはお金が必要。

 ▶⑥ハウス［死神 / 逆］
仕事への意欲が減る。仕事と体調の
不調。職場における別れ。

アングルを軸に興味を読み解く

 ▶⑦ハウス　［月］
人間関係に関する不安。出会いがあっ
ても、交際が続かない。

 ▶⑤ハウス　［審判 / 逆］
別れた人とのよりは戻らない。恋を
諦める。告白できない。

 ▶⑧ハウス　［剣 5 / 逆］
三角関係や不倫。あざむく恋。愛す
る人への不信。相続はもめる。

 ▶⑩ハウス　［金貨 7 ］
頑張っても、納得いく結果を出せな
い。仕事や上司に対する悩み。

 ▶⑪ハウス　［剣 2 ］
友達との関係は穏やか。SNS 上の出
会いは慎重に。

 ▶②ハウス　［聖杯ペイジ / 逆］
計画性がない。衝動買いに注意。

 ▶④ハウス　［隠者］
孤独な生活。自由はあっても、家に
いると引きこもりたくなる。

✦ リーディングのコツはこれだ！ ✦

相談内容が抽象的な場合は、アングル①ハウス＝自分、④ハウス＝家庭、
⑦ハウス＝結婚、⑩ハウス＝社会と、⑬キーカードを軸に読み、相談者の
関心や状況を示すハウスから読み解くとよい。

✦ モデルトーク ✦

　Bさんは、恋や仕事に関して思うように結果が出せず、憂鬱な気持ちで過しているですね。ただ、
社会活動に支障をきたすような困難な状況には陥らないようです。
　原因の一つに、過去の恋が、今もあなたの心を傷つけているようです。仕事は、
可能であれば、少し環境や業務を変えることで、目標ができるかもしれません。
　好きな音楽を聴いて気持ちを高揚させて、海外セレブみたいに新しい美容法
などを取り入れ、女子力アップ！　自分への自信を取り戻しましょう。

ルナの
コンビネーション
リーディング

▶［死神］＋［審判］
［死神］は死を示し、［審判］は再生を示す。この
組み合わせは、意識の変容によって生まれ変わるこ
とを意味する。また、これらのカードには楽器が描
かれているので、音や音楽に関係するテーマも示す。

第Ⅵ章——ホロスコープスプレッドを極める！

POINT 38

関連するカードが出現した ハウスから答えを出す

タロットカードの中には、相談に関連するイメージを持つカードがあります。相談に関連するカードがホロスコープスプレッドのどのポジション、どのハウスに出現するかをチェックして占います。

第Ⅵ章 ── ホロスコープスプレッドを極める！

占目「金運について総合運から読む」

Cさん（40歳♀ パート/既婚/子あり）の金運について教えてください。仕事を増やして収入増を図るのがよいでしょうか？何を節約すればいいのでしょうか？

展開例

⑩ハウス
名誉・上司・社会運
[聖杯1]

⑪ハウス
サークル・友人・希望
[杖2/逆]

⑨ハウス
学問・海外・マスコミ
[金貨3]

⑫ハウス
病気・潜在意識
[聖杯6/逆]

⑧ハウス
借金・配偶者の収入
[剣4/逆]

①ハウス
自分・個性・体質
[皇帝]

⑬総合・キーカード
[魔術師]

⑦ハウス
出会い・対人・パートナー
[剣クィーン]

②ハウス
金運・所有
[剣ナイト]

⑥ハウス
仕事・健康問題
[太陽/逆]

③ハウス
思考・兄弟・旅行
[金貨ナイト/逆]

⑤ハウス
子ども・投資
[金貨10/逆]

④ハウス
家族・住居・母親
[杖10/逆]

heck
①ハウスに続く②ハウスは、自分の所得。対極の⑦ハウスに続く⑧ハウスは、借金や配偶者の収入となる。

heck
所得を得る活動を示す[金貨]や、仕事に関連するカード[皇帝]、[魔術師]、[ナイト]をチェック。

金運は②ハウスが基本。金銭取得に関するカードをチェックする

基本となるハウスから読む

▶①ハウス［皇帝］
自分が家族を支えているという自負心。仕事に対する情熱と自信。

▶②ハウス［剣ナイト］
専門的な仕事で所得を得る。金銭的に余裕がない。お金遣いが荒い。

▶⑬総合・キーカード［魔術師］
新しいスタート。アイデア。仕事。コミュニケーション。新しい展開。

金貨の出ているハウス

▶③ハウス［金貨ナイト／逆］
収入アップに関する情報不足。旅行や教育に使うお金が不足。

▶⑤ハウス［金貨10／逆］
子どものためにお金が必要。祖父母が孫のために出すお金が減る。

▶⑨ハウス［金貨3］
多種多様な経験をするための出費は吉。外国に関することに利益がある。

金銭取得方法に関するハウスを読む

▶⑥ハウス［太陽／逆］
仕事に熱を注ぎすぎる。仕事と子育てとのバランスが取れない。

▶⑩ハウス［聖杯1］
上司からの引き立て。新しい仕事へのチャンスあり。

▶⑧ハウス［剣4／逆］
ローン購入や借り入れはしない。配偶者の収入も変わらない。

アングルとその他から状況を読む

▶④ハウス［杖10／逆］
家が散らかっている。家庭問題が解決できない。生活のゆとりなし。

▶⑦ハウス［剣クィーン］
夫は妻の収入に期待。社会的な活動を認めてくれる。

▶⑪ハウス［杖2／逆］
趣味や友達とは疎遠になる。

▶⑫ハウス［聖杯6／逆］
子どもをいつも気にかけている。

リーディングのコツはこれだ！

［金貨］が出現している③⑤⑨ハウスで金銭の動きが起こる、と読める。②ハウスは本人の金銭取得、対極の⑧ハウスは本人の力以外の収入、と読むことができる。相談者の生活を理解し、総体的に金運を読むこと。

モデルトーク

金運は良くなるようですが、祖父母から孫への援助が今までのようにいかないので、Cさん自身が仕事の仕方を変えることで収入がアップできそうです。ご主人の理解もあるようですね。
ただ、家のことが疎かになり、子育てとのバランスが難しいようですので、仕事に力を入れすぎないことも大切です。
支出に関しては、教育や教養を高めるためのお金は減らさない方がよいので、生活費を減らしましょう。片づけてみると、無駄な買い物をしなくてすみますよ。

ルナのワンモアアドバイス

大アルカナのみで運勢を大づかみし、示されたテーマを読む
①ハウス［皇帝］、キーカード［魔術師］は、共に仕事を示す。［太陽］は仕事のポジションに出ているので、仕事による金運アップを望んでいると読める。たくさんのカードを使うスプレッドでも、大アルカナの質と出たポジションから、運勢を大づかみして読むことができる。

POINT
39

身体のエネルギーから
運勢を読み取る

占星術のホロスコープ上の12の各ハウスは、身体に対応しています。その理論を応用して、タロット占いのホロスコープスプレッドでも、12の各ハウスを身体に対応させて、全身のエネルギーを読み取ることができます。

第Ⅵ章 ホロスコープスプレッドを極める！

占目「身体のエネルギー状態を占う」

Dさん（60代後半♀）は、身体の悪いところは特にないのですが、加齢に伴い疲れやすくなりました。健康のために気をつけることを教えてください。

展開例

⑩ハウス
膝・皮膚・爪・歯・骨
［剣7］

⑪ハウス
ふくらはぎ・体液・筋肉
［聖杯クイーン／逆］

⑨ハウス
肝臓・臀部・大腿部
［剣1／逆］

⑫ハウス
足・自律神経・潜在意識
［聖杯6／逆］

⑧ハウス
泌尿器・生殖器・ホルモン・遺伝
［金貨8／逆］

①ハウス
頭部・目
［愚者／逆］

⑬総合・キーカード
［杖ナイト／逆］

⑦ハウス
腰・腎臓・膀胱
［剣3］

②ハウス
喉・耳・鼻・喉
［金貨ペイジ／逆］

⑥ハウス
腸
［杖1］

③ハウス
肺・肩・腕・神経
［聖杯2／逆］

⑤ハウス
心臓・背面
［杖キング／逆］

④ハウス
胃・膵臓・乳房
［聖杯9／逆］

Check

健康占いでは、剣は手術を意味する場合がある。剣の出たハウスは、注意が必要な箇所と考える。

Check

①ハウスは頭部とし、⑫ハウスの足まで、各ポジションに身体の部位を上から順番に対応させて占う。

まず総合運と大アルカナから読む

▶⑬総合・キーカード［杖ナイト／逆］
慌てることでの怪我や病気に注意。

▶①ハウス［愚者／逆］
頭部の疾病。高血圧にならないよう管理が必要。物忘れが増えそう。

▶⑫ハウス［聖杯6／逆］
足を使うこと。歩くことで健康になる。物事を前向きに考える癖。

そして剣の出たハウス見ると

▶⑦ハウス［剣3］
急激な腰の痛みに注意。

▶⑨ハウス［剣1／逆］
基礎代謝の低下。肝機能をサポートする食生活がオススメ。

▶⑩ハウス［剣7］
骨粗しょう症に気をつける。膝に注意。症状があれば、自己判断しないで治療を受けること。

その他のハウスを読む

▶②ハウス［金貨ペイジ／逆］
五感的な機能は少し衰えるが、問題はない。声の張りがない。

▶③ハウス［聖杯2／逆］
肺や肩も病気の心配は出ていない。

▶④ハウス［聖杯9／逆］
食べ過ぎに注意。肥満気味。

▶⑤ハウス［杖キング／逆］
強心。脂っぽい食事には注意。

▶⑥ハウス［杖1］
腸は元気。快調。お通じも悪くない。

▶⑧ハウス［金貨8／逆］
加齢による機能低下。

▶⑪ハウス［聖杯クィーン／逆］
運動不足に注意。

＋α プラスアルファ
健康占いは、悪いカードが出なければ、深読みしない方がよい。

リーディングのコツはこれだ！

逆位置過多で健康上の悩みがあると読めるが、悪いカードは少ないので、大きな障害はないことが読める。破壊的な印象は、⑦ハウス［剣3］。腰部と腎臓、それにつながる膀胱のエネルギーが停滞と読める。

モデルトーク

　Dさんの健康状態を占ったところ、悪いカードは出ていません。加齢のせいでしょうか？　疲れが取れにくいのかもしれません。今までと同じような身体の使い方を改める必要があるようです。
　あえて注意することを申し上げますと、腰痛やぎっくり腰や尿に関する悩みです。脂っこいものの食べ過ぎに注意してください。
　健康な身体づくりには、ウォーキングがオススメです。それから、慌てて怪我をしやすいので、注意しましょう。

ルナの
コンビネーション
リーディング

▶0［愚者］＋10［運命の輪］＋20［審判］＋［数札10］
大アルカナや数札の、ナンバーに「0」がつくカードは、新しいステージや環境に向かっての旅立ちを暗示し、コンビネーションすれば強化される。今回は生活パターンを変えることを示している。

一つの事柄を多角的に読み 運勢を把握する

ホロスコープスプレッドは、一つのスプレッドでいろいろな運勢を読むことができるので、一つの事柄を成功させるために、多角的側面から運勢の流れを分析することができます。

第Ⅵ章 ホロスコープスプレッドを極める！

占目「経営する会社の世代交代と発展を占う」

Eさん（60代♂アパレル関係社長）は、息子さんを社長にしようと考えています。息子さんは新規事業展開を進める予定です。会社は発展しますか？

展開例

⑩ハウス
名誉・仕事運・会社組織
[杖6]

⑪ハウス
組合・協会・関連企業
[星]

⑨ハウス
広告・海外・マスコミ
[力]

⑫ハウス
引退・隠れた敵
[悪魔]

⑧ハウス
借金・死・相続
[杖9/逆]

①ハウス
自分・個性・体質
[聖杯キング/逆]

⑬総合・キーカード
[正義/逆]

⑦ハウス
取引先・顧客・契約
[金貨2/逆]

②ハウス
金運・利益・資本
[金貨1]

③ハウス
思考・情報
[聖杯4/逆]

⑥ハウス
仕事・従業員
[吊られた男/逆]

④ハウス
家族・住居・不動産
[金貨6/逆]

⑤ハウス
投資・子ども
[剣6]

Check

12ハウスの各ポジションを会社経営に対応させることで、会社の運勢を占うことができる。

Check

13枚中、大アルカナ5枚と、人生に対する影響が大きい。[金貨]が多いので、経営にはよし。

運勢と世代交代について

▶⑬総合・キーカード［正義／逆］
契約不成立。板挟み。人間関係の不調和。原因があって結果がある。

▶①ハウス［聖杯キング／逆］
支配力の低下。感覚が古いと感じている。引退を考えている。

▶⑧ハウス［杖9／逆］
世代交代は状況を見て、準備を整えること。急がない方がよい。

▶⑤ハウス［剣6］
新規取引先や今までと違う商品の扱い、吉。新社長による新規の事業展開あり。

会社経営を読み解く

▶②ハウス［金貨1］
経営は順調。大きなお金を動かす。仕事の結果、利益を得る。

▶⑩ハウス［杖6］
ビジネスの良い知らせ。会社の業績が良くなる。名誉ある仕事。

その他、会社の要素など

▶⑥ハウス［吊られた男／逆］
従業員の不満。リストラ。世代交代時に、赤字部門を撤退する。

▶③ハウス［聖杯4／逆］
情報や作業効率を上げる新しい技術の導入。現場の意見を参考に。

▶⑦ハウス［金貨2／逆］
取引先の方針の変化に振り回される。交渉を繰り返して、契約成立。

▶⑨ハウス［力］
外資系の企業との取引。貿易。

▶⑪ハウス［星］
異業種や関連業種からアイデアをもらう。経済クラブなどへの参加。

▶④ハウス［金貨6／逆］
家庭でも仕事。または家族をひいき。

▶⑫ハウス［悪魔］
引退後、仕事や権威に執着する。ビジネスの甘い話には罠がある。

リーディングのコツはこれだ！

世代交代は⑧ハウス、息子の運は⑤ハウスを読む。会社経営は②ハウス、組織の発展は⑩ハウス、⑥ハウスで社内問題を軸に読み取る。課題は大アルカナ［吊られた男］の出ている⑥ハウス＝社内問題にあると読める。

モデルトーク

Eさんの会社の世代交代は、急がない方がいいようです。息子さんは乗り気のようですが、社内的な準備を整えてから行ってください。

会社については、経営的には大きな問題はありませんし、組織としても海外との取引がいいようで、ビジネスの成功のカードが出ています。しかし、問題は社内にあります。世代交代のときでいいので、部署の縮小やリストラが必要かもしれません。引退後は、業界や経済クラブでの活動が楽しそうですよ。

ルナのコンビネーションリーディング

▶［杖6］＋［剣6］＋［金貨6］
数札6は、1〜10までの中心に位置し、発展期を示す。生命の木（※第Ⅶ章で解説）の、中心のティフェレットに対応し、いろいろな可能性や才能とつながる。3枚の数札6は、創造的発展を示す。

第Ⅵ章　ホロスコープスプレッドを極める！

POINT
41

結果を示す
4番目のハウスの法則

ホロスコープスプレッドで結果を読みたいときは、気になるハウスを1として、4番目のハウスを読みます。例えば、⑤ハウス・恋愛運の結果は、4番目の⑧ハウス（セックス）に結果が現れます。

占目「恋愛運をメインに全体運を占う」

Fさん（20歳 学生♀ 父母兄の4人家族）の、これからの一年はどんな年になるか教えてください。運命的な出会いがあるでしょうか？　彼氏はできますか？

第Ⅵ章　ホロスコープスプレッドを極める！

展開例

⑩ハウス
名誉・父親・社会運
[杖4/逆]

⑪ハウス
サークル・友人・SNS
[恋人たち]

⑫ハウス
ボランティア・潜在意識
[杖5]

⑨ハウス
学問・海外・大学
[塔]

⑧ハウス
セックス・異性運
[女帝/逆]

①ハウス
自分・個性・体質
[女司祭長]

⑬総合・キーカード
[金貨クィーン]

⑦ハウス
出会い・対人関係
[聖杯ナイト]

②ハウス
金運・所有
[節制]

⑥ハウス
仕事・健康問題
[剣8/逆]

③ハウス
思考・兄弟・旅行
[金貨キング/逆]

⑤ハウス
恋愛・スポーツ・芸術
[杖3/逆]

④ハウス
家族・住居・母親
[剣ペイジ]

heck
出会いは⑦ハウス
[聖杯ナイト]で読み、
「4番目の法則」で、
その結果を⑩ハウス
[杖4/逆]で読む。

heck
恋愛に関連するカード
[恋人たち]が出ている⑪ハウスの事柄で、恋愛チャンスがある。

Point 全ポジションは相談者の性格を映し出し、性格が運勢を作っている

家族運を読む

 ▶①ハウス［女司祭長］
深い学びができる。箱入り娘。受動的で大人しく真面目な態度。

 ▶④ハウス［剣ペイジ］
母親への反発心が芽生える。家では言いたいことが言える。

 ▶⑩ハウス［杖4／逆］
門限は厳しいが、娘に甘い父親。

 ▶③ハウス［金貨キング／逆］
頑固な兄。兄の存在が大きい。自分が確認した情報しか信じない。

出会いを読む

 ▶⑦ハウス［聖杯ナイト］
理想的な男性との出会い。相手からのアプローチ。人間関係は順調。

 ▶⑧ハウス［女帝／逆］
愛されたいという性的欲求。女らしいファッションに抵抗がある。

 ▶⑪ハウス［恋人たち］
趣味やサークルを通しての出会い。

その他の運勢を読む

 ▶⑤ハウス［杖3／逆］
好きな人がいても、遠くから眺めるだけ。片思いでも楽しい。

 ▶⑨ハウス［塔］
試験に落ちる。研究への挫折感。外国に関するトラブル。

 ▶②ハウス［節制］
納得のいくことにお金を使える。

 ▶⑥ハウス［剣8／逆］
アルバイトで気を使う。目の疲れ。婦人科の病気に注意。

 ▶⑫ハウス［杖5］
ゆっくり休む時間がない。一人が嫌。ボランティア活動への参加が吉。

 ▶⑬総合・キーカード［金貨クィーン］
信頼できるものを手に入れる。

＋α プラスアルファ ....
出会い（⑦ハウス）の結果として、4番目の⑩ハウス［杖4／逆］を読むと、相手をなかなか受容しない。

リーディングのコツはこれだ！

①ハウス［女司祭長］、⑬［金貨クィーン］は、女性的で閉鎖的。女性性の解放を示す［女帝］は逆位置。⑤ハウス［杖3／逆］は、恋や自己表現への憧れを示す。相談者の生活や性質が全体的に表されている。

モデルトーク

　21歳という年は、夢を叶える充実した年になるようです。恋愛ではFさんはシャイで自己アピールできないタイプみたいだけど、素敵な男性がアプローチしてくる暗示があります。でも、相手が接近してきたら引いちゃうかも。友達運がいいので、友達から恋に発展するかもね。
　家族との関係は大きな問題はないようですが、学校生活は、研究の挫折や試験に落ちるという暗示があります。外国旅行はトラブルのカードが出ているので、注意してください。

 ルナの ワンモア アドバイス

全体的なイメージをつかんで占いを進める
展開されたカードの意味を読み取るには、カードの第一印象をつかむことが大切。今回の場合、［塔］など破壊的なカードもあるが、背景色が黄色のカードが多く、全体的に明るい印象がある。色彩の印象をつかんで、リーディングに生かすことも大切。

第Ⅵ章——ホロスコープスプレッドを極める！

第VII章
生命の木スプレッドを
極める！

THE LOVERS.

✷ リーディングのヒントはココにある ✷

ユダヤの叡智、カバラの生命の木を理解し、各セフィラの働きを理解すると、深く読むことができる。相談に応じてセフィロトの意味を設定して占うとよい。リーディングの核となるのは、ティフェレットとイエソドのポジション。

※セフィラ（複数形はセフィロト）＝器

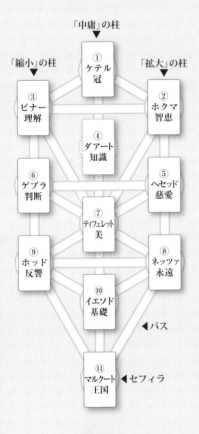

「中庸」の柱
「縮小」の柱
「拡大」の柱

①
ケテル
冠

③
ビナー
理解

②
ホクマ
智恵

④
ダアート
知識

⑥
ゲブラ
判断

⑤
ヘセッド
慈愛

⑦
ティフェレット
美

⑨
ホッド
反響

⑧
ネッツァ
永遠

⑩
イエソド
基礎

◀パス

⑪
マルクート
王国

◀セフィラ

★各セフィラの働き

①ケテル＝冠
　神とのつながりを示す
②ホクマ＝智恵
　神からもたらされるインスピレーション
③ビナー＝理解
　文化や社会、人生への深い理解を示す
④ダアート＝知識
　神秘的な体験を通して得られた知識
⑤ヘセッド＝慈愛
　受容し拡大する愛、許し
⑥ゲブラ＝判断
　良識に基づいた決断や正しい判断
⑦ティフェレット＝美
　本質的な自己・真我
⑧ネッツァ＝永遠
　永遠に求め続ける情熱、衝動的欲求、情熱的な愛の側面
⑨ホッド＝反響
　繰り返しもたらされるもの、学習、思考的側面、識別
⑩イエソド＝基礎
　日常生活、エゴ、ペルソナ
⑪マルクート＝王国
　肉体的要素、場所や環境について

Hint
右の「拡大」の柱②⑤⑧と、左の「縮小」の柱③⑥⑨の、バランスをチェック。②③、⑤⑥、⑧⑨は、それぞれのレベルの陰陽の性質を示す。

Hint
「中庸」の柱を中心に読む。⑩イエソドは自我を示し、⑦ティフェレットは自己と読む。①ケテルと④ダアートは、神を知る体験を示す。

生命の木スプレッドで
夢を叶える方法を知る

生命の木スプレッドは、いろいろな意識とつながり、夢を叶えるための課題や援助を確認できるスプレッドです。願望を実現するさまざまな問題点や発展する要素を確認し、夢の実現をサポートすることができます。

占目「希望の学校へ進学できるかを占う」

Aさん（高校3年生♀）は美大を希望していますが、両親は別の大学を希望しています。両親を説得できますか？ Aさんは美大に進学できるでしょうか？

展開例

第Ⅶ章 — 生命の木スプレッドを極める！

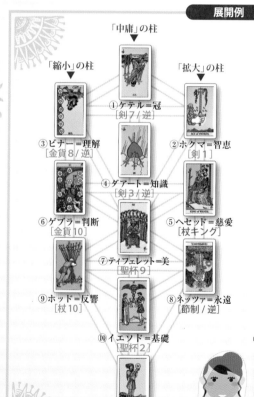

「中庸」の柱

「縮小」の柱

「拡大」の柱

①ケテル=冠
[剣7/逆]

②ホクマ=智恵
[剣1]

③ビナー=理解
[金貨8/逆]

④ダアート=知識
[剣3/逆]

⑤ヘセッド=慈愛
[杖キング]

⑥ゲブラ=判断
[金貨10]

⑦ティフェレット=美
[聖杯9]

⑧ネッツァー=永遠
[節制/逆]

⑨ホッド=反響
[杖10]

⑩イエソド=基礎
[聖杯2]

⑪マルクート=王国
[金貨ペイジ]

★生命の木の各セフィラに、占目に応じたテーマを設定する。
①ケテル=冠
　天の意志
②ホクマ=智恵
　インスピレーション
③ビナー=理解
　民族・文化などの社会からの智恵
④ダアート=知識
　導きを知る体験
⑤ヘセッド=慈愛
　夢の実現へのメリットと与えられた才能
⑥ゲブラ=判断
　夢の実現へのリスクと制限
⑦ティフェレット=美
　自己意識・意志と本音
⑧ネッツァー=永遠
　夢への情熱と実行力
⑨ホッド=反響
　修練や学習の実践法
⑩イエソド=基礎
　自我意識・日常生活の自分
⑪マルクート=王国
　場所や環境について

Check

各セフィラのテーマ設定について、③ビナーは「社会からの知恵」と設定できる。④ダアートを使う場合は、事前にそれが示す体験を明確にする。

Point 自分の本心を示す⑦ティフェレットを中心にカードを読み解いていく

まずは意識の基礎、イエソドを中心に
▶⑩イエソド［聖杯2］
何でも言える親子関係や人間関係。親友や恋人からの影響が大きい。

▶⑪マルクート［金貨ペイジ］
学校生活、家庭生活の安定。美大の受験条件は整う状況。

▶⑨ホッド［杖10］
今の状態は、勉強範囲が多く、志望大学を絞り込む必要がある。

▶⑧ネッツァ［節制／逆］
美大受験への思いは強いが、両親には上手く伝わっていない。

そしてティフェレットを中心に読む
▶⑦ティフェレット［聖杯9］
今までの努力によって得られた自信と、夢を叶えるという意志。

▶④ダアート［剣3／逆］
美しい作品は人の心を動かし、機能的なデザインが人の役に立つ。

▶①ケテル［剣7／逆］
いろいろな人に相談して、周りの人も納得のいく決断をすること。

右側の「拡大」の柱を読む
▶②ホクマ［剣1］
作品を通して、社会に貢献できるという確信と使命感。

▶⑤ヘセッド［杖キング］
好きなことを仕事にできる可能性。本格的な勉強をして自信を持つ。独自の世界観を表現する才能。

左側の「縮小」の柱を読む
▶③ビナー［金貨8／逆］
芸術を仕事にすることの難しさ。就職先に制限がある。

▶⑥ゲブラ［金貨10］
実力をつける専門的な勉強に費用がいる。家族の協力は不可欠。

＋α プラスアルファ
⑦ティフェレット（本音）と⑩イエソド（日常の自分）が同じスートなので、本心を家族に伝えやすい。

 **リーディングのコツはこれだ！**
生命の木の中心にあるのは⑦ティフェレットなので、［聖杯9］の美大進学への自信に満ちた自己を中心に読む。大アルカナは情熱を示す⑧ネッツァにあるので、家族への説得は、夢への情熱と自信を誠実に伝えること。

モデルトーク

美大を受験するなら、それに備えての勉強を早急に始める必要があります。Aさんは独創性も才能もありますし、美大に合格する自信があるのですね。その自信が実際に合格を導くでしょう。
両親に、どうして美大に進みたいか、人生の目標や将来の夢を伝えてください。何でも分かり合える家族と出ていますので、上手くいくでしょう。
もしかしたらご両親は、Aさんが恋人や友達に感化されて美大へ進学したい、と思っているのかもしれません。誠実に思いを伝える必要があるでしょう。

 ルナのワンモアアドバイス
イエソドは"ペルソナ"を示し、ティフェレットは"セルフ"を示す
イエソドはペルソナやエゴを示し、生活で現れる基本的な人格を、その上にあるティフェレットは本質的な自己、セルフを示す。自己意識を自覚できれば、ティフェレットには8つのパスがあるので、自己実現に向けてさまざまな意識につながることができる。⑦ティフェレットを中心に読み取ること。

第Ⅶ章　生命の木スプレッドを極める！

 103

POINT 43

創造のプロセスから 成功の法則を読む

生命の木は、神の意志がこの世に顕現する創造のプロセスを表します。生命の木スプレッドを使うことで、カバラの叡智に基づいて、新しいアイデア実現のプロセスを確認しながら、課題を知ることができます。

占目「仕事の新しい企画の成功を占う」

Bさん(40代♂会社経営)は、伝統工芸品の職人です。伝統が途絶えてしまわないよう、現代人の生活にマッチする新しいデザインで商品を開発しました。上手く普及しますか?

第Ⅶ章──生命の木スプレッドを極める!

展開例

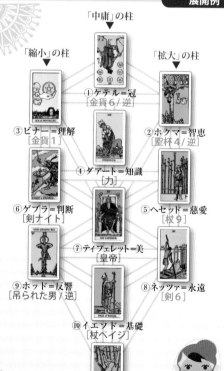

「中庸」の柱

「縮小」の柱

「拡大」の柱

①ケテル=冠
[金貨6/逆]

③ビナー=理解
[金貨1]

②ホクマ=智恵
[聖杯4/逆]

④ダアート=知識
[力]

⑥ゲブラ=判断
[剣ナイト]

⑤ヘセッド=慈愛
[杖9]

⑦ティフェレット=美
[皇帝]

⑨ホッド=反響
[吊られた男/逆]

⑧ネッツァ=永遠
[剣6]

⑩イエソド=基礎
[杖ペイジ]

⑪マルクート=王国
[杖7/逆]

★生命の木の各セフィラに、占目に応じたテーマを設定する。

①ケテル=冠
　天の導き
②ホクマ=智恵
　インスピレーション
③ビナー=理解
　宗教・政治・文化などの社会からの智恵
④ダアート=知識
　天命を得る体験からの気づき
⑤ヘセッド=慈愛
　拡大、発展するための投資計画
⑥ゲブラ=判断
　成功のための危機管理計画
⑦ティフェレット=美
　成功のための覚悟や信念について
⑧ネッツァ=永遠
　計画の実践について
⑨ホッド=反響
　実践力を上げる研究と練習
⑩イエソド=基礎
　日常の活動について
⑪マルクート=王国
　場所や環境について

heck

「中庸」の柱に、大アルカナ2枚出現。自己意識が安定している。ホクマ-ビナー-ティフェレットの、ダアートを中心とする正三角形は、社会貢献する意識を示す。

Point 「中庸」の柱を軸として、右の柱で発展力、左の柱で管理力を読む

「中庸」の柱と大アルカナを読む

▶⑦ティフェレット［皇帝］
成功するという自信。強い責任感。商品のブランド化。

▶⑩イエソド［杖ペイジ］
謙虚さが大切。周りの人とまめにコミュニケーションをとる。

▶⑪マルクート［杖7／逆］
ビジネスが発展する環境が整っていない。類似品との差がない。

▶①ケテル［金貨6／逆］
一度にすべては上手くいかない。今、できることを一つずつ行う。

▶④ダアート［力］
勇気を持って困難を受け入れると、それを克服する智恵やアイデアがもたらされる。

▶⑨ホッド［吊られた男／逆］
現在の計画は理想が高く、実行に無理がある。職人の犠牲により成り立つ。

右側の「拡大」の柱を読む

▶②ホクマ［聖杯4／逆］
新しいアイデアが浮かぶ。新しい協力者やスポンサーが現れる。

▶⑤ヘセッド［杖9］
今の販売方法や販売計画では発展がない。投資の前に検討が必要。

▶⑧ネッツァ［剣6］
新規取引先の開拓。海外へのアピールと戦略。

左側の「縮小」の柱を読む

▶③ビナー［金貨1］
日本らしいアイデンティティを示し、新しい使い方の提案と指導。

▶⑥ゲブラ［剣ナイト］
制作時間の短縮と高品質の両立。職人は高い技術力が必要。

＋α プラスアルファ
天命を得た体験がカウンセリング時に明確になったので、④ダアートを開いた。［力］＝勇気を得ることで、⑦ティフェレットの信念は強化される。

リーディングのコツはこれだ！

大アルカナをポイントに、⑦ティフェレットを中心に読む。商品のブランド化や社会的知名度を確立させる信念［皇帝］を、④ダアート［力］が強化する。⑨の［吊られた男／逆］は、企画実行に無理が生じることを意味している。

モデルトーク

　Bさんの強い情熱と信念が成功を導くでしょう。ただ、今は良い企画であっても、市場に出れば類似品に負けるかもしれません　商品をブランド化し、ユーザーを育てるシステムや斬新な企画を考え、販売ルートを開拓して、海外にアピールしましょう。活動は社会的な展開となり、新しい協力者が出てくる暗示もありますよ。

　そして、謙虚に職人さん達と向き合って企画に共感してもらい、協力を得ましょう。優れた職人の技術と、スムーズな商品提供システムが普及には必要です。

ルナのワンモアアドバイス

ケテル（天の導き）は、ダアート（神秘体験）を通して得る

生命の木におけるケテルとダアートは神、そして神とつながりを得た神秘体験を示す。この神秘体験は、ティフェレットの自己を高め、その人物に覚悟と決意をさせる。ダアートの神秘体験は、天命とつながり、個人を超えた意識の基礎となって、社会的活動の発展につながる。

第Ⅶ章｜生命の木スプレッドを極める！

神聖なメッセージを得て人生の価値を高める

生命の木は、神の世界に戻るプロセスを示す回帰の図でもあります。生命の木スプレッドを通して、神聖なメッセージを知ることや、人生のテーマや目的を見い出すことで、豊かに生きることをサポートします。

第Ⅶ章　生命の木スプレッドを極める！

占目「これからの人生のテーマを占う」

Cさん（50代♀パート／既婚）の、息子さんは結婚し、娘さんは就職して社会人になりました。子ども達が巣立った今、これからのCさんの人生におけるテーマを教えてください。

展開例

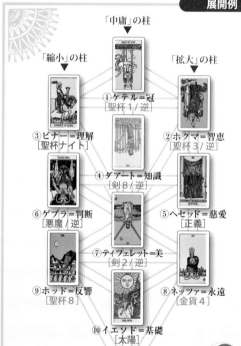

「中庸」の柱

「縮小」の柱　　　　　　　　　「拡大」の柱

①ケテル＝冠
［聖杯1／逆］

③ビナー＝理解
［聖杯ナイト］

②ホクマ＝智恵
［聖杯3／逆］

④ダアート＝知識
［剣8／逆］

⑥ゲブラ＝判断
［悪魔／逆］

⑤ヘセッド＝慈愛
［正義］

⑦ティフェレット＝美
［剣2／逆］

⑨ホッド＝反響
［聖杯8］

⑧ネッツァ＝永遠
［金貨4］

⑩イエソド＝基礎
［太陽］

⑪マルクート＝王国
［運命の輪］

★生命の木の各セフィラに、占目に応じたテーマを設定する。

①ケテル＝冠
　神性とつながるには
②ホクマ＝智恵
　もたらされるインスピレーション
③ビナー＝理解
　社会や人生への理解を深めるには
④ダアート＝知識
　神秘体験（※最初は伏せてレイアウト）
⑤ヘセッド＝慈愛
　慈善や許しについて
⑥ゲブラ＝判断
　より良い生き方のための決断とは
⑦ティフェレット＝美
　自己の本質＝「美しい質」を引き出すには
⑧ネッツァ＝永遠
　情熱について
⑨ホッド＝反響
　学習とルーティンワークで学ぶこと
⑩イエソド＝基礎
　生活について
⑪マルクート＝王国
　肉体もしくは、場所や環境について

Check

伏せ札④ダアートは神秘体験を深めるために使うが、今回は⑦ティフェレットの「自己の本質」を目覚めさせるのに必要な体験を知るために開く。

Point ⑤ヘセド-⑥ゲブラ-⑦ティフェレットの「自己意識」を中心に読む

まずは意識の基盤、イエソドを中心に

▶⑩イエソド［太陽］
陽気で楽しい生活。家庭円満。

▶⑪マルクート［運命の輪］
生活環境の変化。年齢や立場に応じた身体の使い方が必要。

▶⑧ネッツァ［金貨4］
家族を守り、家庭の安定に情熱を感じていた。お金を貯めることに対しての強い思い。

▶⑨ホッド［聖杯8］
今まで興味があったことに背を向け、新しいものへ向かう。

ティフェレットとダアートを読む

▶⑦ティフェレット［剣2／逆］
本心を閉ざしている。自己の美しいところを見つめる必要がある。

▶④ダアート［剣8／逆］
世界にある真実を見ることで、自分の本心を解放する体験ができる。

「拡大」と「縮小」のバランスを読む

▶⑤ヘセド［正義］
社会に役立ちたいという思い。

▶⑥ゲブラ［悪魔／逆］
物質的要素では人生は豊かにならない。物質的執着を捨てる。

神の三つ組みを読む

▶①ケテル［聖杯1／逆］
与えても尽きることのない愛の泉が、自分にあることを知る。

▶②ホクマ［聖杯3／逆］
遊びや友達との語らいの中で、人生のテーマや必要なことを知る。

▶③ビナー［聖杯ナイト］
社会のことを踏まえて、自らの考えで行動し、社会に働きかける。

 プラスアルファ ‥‥‥‥
［聖杯］のスートが多く、［杖］がない。相談者には自発的要素が少なく、受動的な性格や生き方だと示している。

▼

リーディングのコツはこれだ！

⑩イエソド-⑪マルクートの［太陽］［運命の輪］は、日常生活の安定を示す。⑤ヘセド-⑥ゲブラの大アルカナは、自己意識の発達に魂の成長が必要と示し、⑦ティフェレット（自己の本質）を目覚めさせることがテーマと読む。

モデルトーク

　Cさんが家を守り子どもと共に成長してきたことが現れていますが、子ども達が巣立った今、自分の人生を見つけるときが来たようです。眠っている才能を目覚めさせなさいと出ています。
　あなたは、物質的な豊かさだけでは、本当の幸せを得ることができないと感じていますね。豊かな人生を送るには、今、社会で起こっていることをきちんと見定めて、社会に貢献する活動に参加しましょう。
　自分の才能を活かし、愛と思いやりを持って活動するとよいと出ています。

ルナの ワンモア アドバイス

生命の木には、創造のプロセスと回帰のプロセスがある
生命の木は、神の意識がこの世に顕現するプロセスを示すと同時に、人類の意識が神の元に戻る回帰のプロセスを示している。生命の木スプレッドを展開することにより、高い次元の意識との間に回廊が開き、神の叡智とつながり、開運することができる。

第Ⅶ章　生命の木スプレッドを極める！

いろいろな意識につながり 可能性と才能を引き出す

生命の木のセフィロトは、さまざまな意識を示します。自己を示すティフェレットは天命につながる力であり、さまざまな意識につながることができます。自己を強めるリーディングにより、才能と可能性を引き出すことができます。

占目「生活の安定のための転職を占う」

Dさん（40代♂営業職／妻子あり）は、会社の経営不安により転職を考えています。家族を守るためにどんな仕事でもするつもりですが、上手くいきますか？

▼

展開例

第Ⅶ章──生命の木スプレッドを極める！

「中庸」の柱

「縮小」の柱　　　　　　　※意識
　　　　　　　　　　　　　の階層
　　　　　　　　　　　　　　↓　　「拡大」の柱
　　　　　　　　　　　　　神の
　　　　　　　　　　　　　意識

①ケテル＝冠
［魔術師］　　宇宙
　　　　　　意識

③ビナー＝理解　　　　　　②ホクマ＝智恵
［金貨キング］　　　　　　　［剣クィーン］

　　　④ダアート＝知識
　　　　伏せ札
　　　　　　　　　自己
　　　　　　　　　意識

⑥ゲブラ＝判断　　　　　　動物
［杖4／逆］　　　　　　　　意識　　⑤ヘセッド＝慈愛
　　　　　　　　　　　　　　　　　［聖杯10］

　　　⑦ティフェレット＝美
　　　　　［杖8］

⑨ホッド＝反響　　　　　　　　　　⑧ネッツァ＝永遠
［女帝］　　　　　　　　　　　　　［金貨3］
　　　　　　　　　植物
　　　　　　　　　意識

　　　⑩イエソド＝基礎
　　　　［剣5／逆］

　　　⑪マルクート＝王国
　　　　　［金貨2／逆］

★生命の木の各セフィラに、占目に応じたテーマを設定する。

①ケテル＝冠
　神性意識、またはオラクル
②ホクマ＝智恵
　インスピレーション、与えられる智恵
③ビナー＝理解
　社会や人生への理解から得られること
④ダアート＝知識
　神性と繋がる体験（※伏せたまま開かない）
⑤ヘセッド＝慈愛
　発展しようとする力、慈愛
⑥ゲブラ＝判断
　良識に基づいた決断力
⑦ティフェレット＝美
　自己の本質、セルフ
⑧ネッツァ＝永遠
　情熱的な行動力
⑨ホッド＝反響
　思考的な情報処理力
⑩イエソド＝基礎
　日常生活、エゴ、ペルソナ
⑪マルクート＝王国
　身体能力、環境からの影響

Check

④ダアートの、神性と繋がる体験はないので伏せたままにする。この体験がないと①ケテルの神性を意識するのが難しいので①はオラクルとする。

※参考：このテーマの設定は『もっと本格的にカードを読み解く！神秘のタロット 新版』のP121「意識の階層」を使っています。

oint　イエソドを中心とする日常生活の意識をティフェレットに高める

植物意識（日常生活）が示すもの

▶⑩イエソド［剣5／逆］
リストラ。会社の雰囲気が悪い。心が荒む。手柄の横取り。

▶⑧ネッツァ［金貨3］
仲間と協力して良い職場を作り、良い仕事をしたいという情熱。

▶⑨ホッド［女帝］
状況を把握し、そこから何かを作り出す。経済的危険を避けたい。

▶⑪マルクート［金貨2／逆］
会社は経済的に不安定な状態。転職の必要性。転職すれば収入がダウンする可能性大。

植物意識から動物意識に上がる

▶⑦ティフェレット［杖8］
自己認識が弱く、日常生活や心の状態に流されやすい。

オラクルを読む

▶①ケテル［魔術師］
新しい仕事を始める。手先を使う仕事や話す仕事に適性がある。

自己を高める意識を読む

▶⑤ヘセッド［聖杯10］
家族の愛に支えられている。新しい仕事に挑戦する意欲が湧く。

▶⑥ゲブラ［杖4／逆］
転職を前向きに考えるが、新しい会社に簡単には入れない。

高い意識とつながる

▶②ホクマ［剣クィーン］
技術を持って接客する仕事。転職のタイミングを見極める。

▶③ビナー［金貨キング］
経済的安定によって、男性は家族を守る。父としての責任とプライド。経済的安定は人生を支える。

+α　プラスアルファ ••••••••••••••
人物が描かれていない［杖8］が、⑦ティフェレットに出現。自己を見ないで、物事をやり過ごして生きてきた、と読める。

リーディングのコツはこれだ！

⑦ティフェレット［杖8］は自己認識力が弱いと読めるので、意識の中心は⑩イエソド。新しい仕事を示す①ケテル［魔術師］の導きは、④ダアート（深淵）に阻まれティフェレットに届かない。自己を高めるには動物意識を高めること。

•••••••••••••• **モデルトーク** ••••••••••••••

　会社が不安定で職場のムードも悪いようですが、Dさんは受容力と仕事に対する情熱を武器として、転職を成功させるでしょう。話す仕事か、手先を使う仕事と出ています。
　Dさんは、家族の愛に支えられ、父親として家族を守るために、経済の安定を大切に思っていますね。しかし、本当に家族を守りたいなら、お金のためではなく、誰のためでもなく、自分が本当にしたい仕事を考えてください。
　転職は、言わば逆境です。勝ち抜く覚悟と強い意志を持って乗り越えてください。

**ルナの
ワンモア
アドバイス**

イエソド中心の植物意識から、ティフェレットを頂点とする動物意識へ
イエソドを中心とした、ネッツァ‐ホッド‐マルクートからなる「植物意識」は、日常生活の意識を示す。ネッツァ‐ホッド‐ティフェレットによる「動物意識」は、人より勝るための挑戦を示す。またヘセッド‐ゲブラ‐ティフェレットの「自己意識」は、天命を意識して生きることを意味する。

第Ⅶ章 ━ 生命の木スプレッドを極める！

生命の木の意識レベルから人生を紐解く

生命の木のセフィロトは、さまざまな意識を示します。さらに、セフィラとセフィラをつなげてできる図形は、意識の区界を示します。意識の区界にフォーカスすることで、さまざまな課題や潜在する能力を認識することができます。

第Ⅶ章 生命の木スプレッドを極める！

占目「婚活の成功法を探る」

Eさん（30代♀ 独身・恋人なし／親と同居）は、結婚願望がありますが、いろいろな人と交際するに至っても、なかなか結婚までに至りません。結婚するためには、どうしたらいいですか？

展開例

「中庸」の柱

「縮小」の柱　　　　　　　　※意識の階層　「拡大」の柱

神の意識

①ケテル＝冠
伏せ札

宇宙意識

③ビナー＝理解
［杖ナイト／逆］

②ホクマ＝智恵
［恋人たち］

④ダアート＝知識
伏せ札

自己意識

⑥ゲブラ＝判断
［審判］

⑤ヘセッド＝慈愛
［剣9／逆］

動物意識

⑦ティフェレット＝美
［杖クィーン］

植物意識

⑨ホッド＝反響
［星／逆］

⑧ネッツァ＝永遠
［月］

⑩イエソド＝基礎
［金貨7］

⑪マルクート＝王国
［剣キング／逆］

★生命の木の各セフィラに、占目に応じたテーマを設定する。

①ケテル＝冠
天の意志（※伏せたまま開かない）

②ホクマ＝智恵
インスピレーション

③ビナー＝理解
宗教・政治・文化などの社会からの影響

④ダアート＝知識
導きを知る体験（※伏せたまま開かない）

⑤ヘセッド＝慈愛
夢の実現へのメリットと与えられた才能

⑥ゲブラ＝判断
夢の実現へのリスクと制限

⑦ティフェレット＝美
自己意識・意志と本音

⑧ネッツァ＝永遠
夢への情熱と実行力

⑨ホッド＝反響
修練や学習の実践法

⑩イエソド＝基礎
自我意識・日常生活の自分

⑪マルクート＝王国
場所や環境について

---

heck

天の意志や導きについて、相談者は認識してないので④ダアートと①ケテルは伏せたまま。⑦ティフェレットの自己を強める要素は②ホクマ［恋人たち］。

※参考：このテーマの設定は『もっと本格的にカードを読み解く！神秘のタロット 新版』のP121「意識の階層」を使っています。

Point 植物意識（日常生活）における活力不足と自己意識の確立を読む

植物意識（日常生活）が示すもの

▶⑩イエソド［金貨7］
努力しても、納得いく結果が出ないという落胆。報われない思い。婚活してもいいと思える人はいない。

▶⑧ネッツァ［月］
婚活を続けても、結婚できるか分からない。結婚に関する幻想と不安。明るい未来が見えない。

▶⑨ホッド［星／逆］
手の届かない理想的な結婚相手を思い描く。男性に愛される女性になろうと自分を磨く努力。

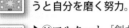
▶⑪マルクート［剣キング／逆］
理想の男性が今の環境にいるが、結婚できない相手。厳しい父親の影響がある。

植物意識から動物意識に上がる

▶⑦ティフェレット［杖クイーン］
女性として社会で活躍。世話好きで活発で明るい性格。チャーミングで魅力的な女性的性質。母親との関係や影響が強い。

自己を高める意識を読む

▶⑤ヘセッド［剣9／逆］
愛への一途さ。寂しさや孤独が癒される。結婚に関するメリットが明確になっていない。

▶⑥ゲブラ［審判］
お互い結婚に至る努力をしているから、結婚が決まる。結婚は家族中心の暮らし。親からの干渉。

高い意識とつながる

▶②ホクマ［恋人たち］
恋を楽しむ気持ちが、結婚のチャンスを引き寄せる。

▶③ビナー［杖ナイト／逆］
男性は結婚後も家庭よりも夢を求める、女性は結婚すれば自由に活動できなくなる、という考え。

＋α プラスアルファ

大アルカナが多いことから、運命的なテーマと言える。複数の宮廷札は、対人関係の影響が強い、と読める。

リーディングのコツはこれだ！

植物意識は生活の安定を作り、動物意識は婚活の意欲を作る。この部分に出現した［月］と［星／逆］は、目標に達しない状態。「拡大」の柱の［恋人たち］は、婚活をサポート。インスピレーションを大切にすることで開運する。

モデルトーク

　婚活疲れでしょうか、結婚への意欲が低下していますね。不安や孤独から逃れるために結婚するのではなく、結婚して本当に得たいものをはっきりとさせましょう。
　Eさんは、親元だから今の仕事や生活があると思っているかもしれません。
　結婚しても自分らしく生きられるよう、二人で協力しあう家庭を作りましょう。お互い成長していけばいいんです。結婚の条件を考えて相手を選ぶことも大切ですが、直感やインスピレーションを大切にするといい出会いがありそうです。

▶［恋人たち］＋［節制］＋［審判］
［恋人たち］は大天使ラファエル、［節制］は大天使ミカエル、［審判］は大天使ガブリエルを示す。大天使のカードが複数出現することは、天使からの導きや天命を示している。

人間関係の調和を呼ぶ ハイヤーセルフのメッセージ

生命の木のセフィロトにいろいろな意味を設定すると、さまざまな要素を占うことができます。例えば、各セフィラに自分を取り巻く人間関係を設定することで、人との出会いを通して得られるものを知ることができます。

占目「自分を取り巻く人間関係から学びを得る」

Fさん（20代後半♀契約社員）は、職場の人間関係に悩んでいます。契約期間途中に辞めると次の仕事に影響するので、上手く関わる方法を教えてください。

▶ **展開例**

第Ⅶ章 生命の木スプレッドを極める！

「中庸」の柱

「縮小」の柱

「拡大」の柱

①ケテル＝冠
[塔]

③ビナー＝理解
[杖6/逆]

②ホクマ＝智恵
[聖杯7/逆]

④ダアート＝知識
伏せ札

⑥ゲブラ＝判断
[金貨クィーン/逆]

⑤ヘセッド＝慈愛
[金貨5/逆]

⑦ティフェレット＝美
[金貨9]

⑨ホッド＝反響
[聖杯ペイジ]

⑧ネッツァ＝永遠
[杖5]

象徴 ···▶
カード

⓪イエソド＝基礎
[聖杯クィーン]

★相談者を示す象徴
カードを⓪の位置に
置いてから、占いを始
めます。

⑩マルクート＝王国
[死神/逆]

★生命の木の各セフィラに、
占目に応じたテーマを設定する。

①ケテル＝冠
　ハイヤーセルフ（高次の自己）
②ホクマ＝智恵
　憧れる人物（男性）から与えられる勇気
③ビナー＝理解
　尊敬する人物（女性）から与えられる智恵
④ダアート＝知識
　導きを得る体験（※伏せたまま開かない）
⑤ヘセッド＝慈愛
　援助者との関わり方
⑥ゲブラ＝判断
　批判者との関わり方
⑦ティフェレット＝美
　セルフ（自己）
⑧ネッツァ＝永遠
　好きな人への関わり方
⑨ホッド＝反響
　嫌いな人への関わり方
⓪イエソド＝基礎
　日常の自分・ペルソナ（自我）
⑩マルクート＝王国
　場所・環境

heck

⓪象徴カードは、占う前に選ぶ。
各ポジションの人物を具体的
に決め、実際的な関わり方を
占う。②③は、実在しない人物
でも歴史上の人物でもOK。

日常生活の場を読む

▶⑩マルクート［死神／逆］
衰運。その場所での繁栄はない。終わりに向かう人間関係。

▶⑧ネッツァ［杖5］
派遣社員Aさん／仲間としてなんでも言えるが、ちょっとしたことでけんかになる可能性もあり。親しき仲にも礼儀あり。

▶⑨ホッド［聖杯ペイジ］
社員Bさん／相手に対しての尊敬の念を持ち、相手の言い分を聞いて、受け入れること。誠実な対応をする。

ハイヤーセルフとセルフを読む

▶①ケテル［塔］
プライドや権威に基づく観念は捨てること。心の壁を壊すこと。

▶⑦ティフェレット［金貨9］
愛されているという自信。仕事に対する誇り。自分を守るために垣根を作る。受容力としなやかさ。

成長をサポートする人間関係

▶⑤ヘセッド［金貨5／逆］
恋人Cさん／恋人はこの悩みに無関心。理解や同情を示してくれない。

▶⑥ゲブラ［金貨クィーン／逆］
父親／反抗はしないが、批判的な言葉は聞きたくない。頑固で保守的な態度を変えなければならない。

偉人から学ぶこと

▶②ホクマ［聖杯7／逆］
坂本龍馬／想像力と思考力。どんなときも希望を見い出し、実現する計画力。

▶③ビナー［杖6／逆］
クレオパトラ／負けても目的を遂行する強さ。

 プラスアルファ

出現する数札5、6、7は、「問題が発生してから中盤にあり、いろいろな展開を起こすとき」と読む。

リーディングのコツはこれだ！

天と地を示すケテルとマルクートに大アルカナが出ているので、人間関係を良くするには大きな変革が必要。対人関係を良くすることを意識して対処法を読み、悪いカードも肯定的な意図を汲み取って、リーディングを行うこと。

モデルトーク

　Fさんは、頑固なところがあるので、嫌なものは嫌かもしれませんが、苦手な人の話も聞いてあげましょう。苦手に思っているBさんは、本当はあなたの魅力や才能を認めている人のようです。
　また、Fさんは女性としても、仕事に対しても、自信を持っているでしょう。
　大切なことは、もめたときのために味方を増やすことを考えるのではなく、自分に自信を持っていい仕事をすることです。それはどんな会社に勤めていても同じです。ちなみに継続するより、新しい仕事を探す方がよいようです。

ルナのワンモアアドバイス

象徴カードは、占う前に16枚ある宮廷札の中から1枚選択する
一般的には、宮廷札の中から相談者を表す最適なカードを選ぶ。［キング］は権威者を、［クィーン］は女性を、［ナイト］は社会人男性、［ペイジ］は学生や子どもを象徴する。［杖］は情熱的な人物、［聖杯］は優しい人、［剣］は理性的な人物、［金貨］は現実的な人物を表す。

第Ⅶ章　生命の木スプレッドを極める！

第Ⅷ章
まだまだある スプレッドを 極める！

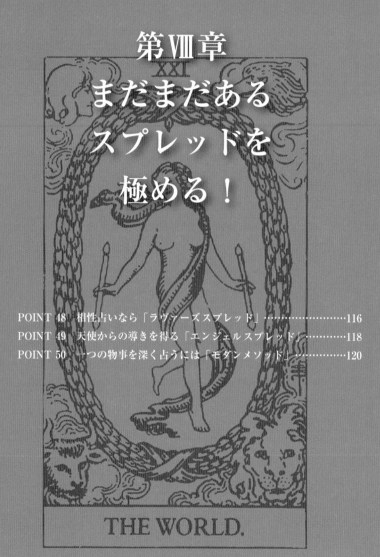

THE WORLD.

タロット占いの楽しさを広げる個性的なスプレッドの中で特に魅力的な、創作スプレッドや古典的スプレッド、神秘的スプレッドを紹介する。あなたもオリジナルスプレッドを作ってみるのはいかがだろう。

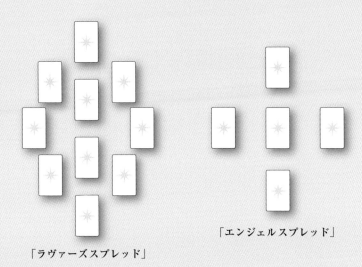

「エンジェルスプレッド」

「ラヴァーズスプレッド」

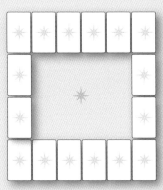

「モダンメソッド」

相性占いなら「ラヴァーズスプレッド」

ラバーズスプレッドは、相性を占うスプレッドです。相手とどんな縁があるのか？ どんな風に進展していくのか？ お互いの気持ちとそれぞれの状況を確認しながら、交際へのアドバイスが可能です。

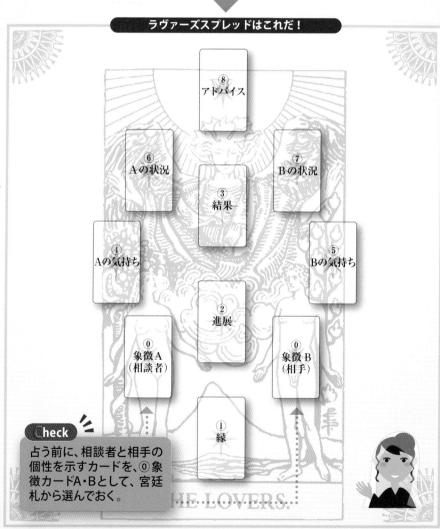

ラヴァーズスプレッドはこれだ！

⑧ アドバイス

⑥ Aの状況

⑦ Bの状況

③ 結果

④ Aの気持ち

⑤ Bの気持ち

② 進展

⓪ 象徴A（相談者）

⓪ 象徴B（相手）

① 縁

THE LOVERS.

Check
占う前に、相談者と相手の個性を示すカードを、⓪象徴カードA・Bとして、宮廷札から選んでおく。

第Ⅷ章　まだまだあるスプレッドを極める！

各ポジションの意味を把握する

①縁…二人の縁を示す。交際している場合は過去の関係を意味する場合もある。
②進展…二人の交際の進展について。近い将来の二人の関係を示す。
③結果…交際の結果。二人の遠い将来を示す。
④Aの気持ち…Aの交際に対する思いや、AのBに対する思いが表れる。
⑤Bの気持ち…Bの交際に対する思いや、BのAに対する思いが表れる。
⑥Aの状況…Aの生活や仕事など、Aの運勢や状況を示す。
⑦Bの状況…Bの生活や仕事など、Bの運勢や状況を示す。
⑧アドバイス…交際に対するアドバイス。

スプレッド選択のコツはこれだ！

相手との縁や相手の気持ちを知りたいときに用いるとよい。AとB、両者の運勢を読むカードの枚数が同じなので、それぞれの状況などを対比させながら、交際の結果やアドバイスを知りたいときに最適なスプレッド。

リーディングの
Point ①縁と③結果をもとに、関係性の将来性を読み取ること

このスプレッドのポイントになるのは、①縁を示すカードと③結果を示すカード。⑧アドバイスは、③結果が良いならばそれを促すために読み、結果が悪いならば、それを回避する方法を探るために読みましょう。⑥⑦状況のカードは、それぞれの生活や交際以外の状況などを読み取ることができます。

> カウンセリング時に、二人の関係や交際の進捗状況を確認し、どんな交際の進展を期待しているのか、希望する未来を聞いておきましょう。

＋α プラスアルファ ルナの体験談

お客様から「好きな人との相性を見てください」と相談されたとき、私はヘキサグラムスプレッドで相性を占いました。「彼もあなたのことが好きみたい」と答えると、「誰のことですか？」とお客様。話をよく聞くと、好きな人が二人いるとのことでした。ラヴァーズスプレッドなら象徴を立てるので間違いはないですが、事前のカウンセリングはきちんとしておく方がいいでしょう。

このスプレッドに込められたヒミツ

ラヴァーズスプレッドは、相合い傘をイメージしたスプレッド
自分Aと相手Bの名前を一つの傘の中に書く、相合い傘のおまじないをイメージしている。"相合い"とは、一緒に物事をしたり、共有するという意味がある。二人が同じ傘の下で一緒に歩んで行けるよう願いを込めて、監修者の吉田ルナが考案したスプレッド。

第Ⅷ章 まだまだあるスプレッドを極める！

天使からの導きを得る「エンジェルスプレッド」

エンジェルスプレッドは、夢を実現させるため、四大天使を召喚し、神のメッセージを得るスプレッドです。また、四大天使それぞれからのメッセージをもらい、さらにオラクルで夢を叶えるサポートを受けられるかもしれません。

▼

エンジェルスプレッドはこれだ！

★このスプレッドは、22枚の大アルカナのみで占います。

① ミカエル 勇気

③ ガブリエル 表現力

⑤ オラクル

② ラファエル 癒し

④ ウリエル 智恵

Check
①〜④のポジションは、四大天使からのメッセージを得るためにお祈りをしながらレイアウトする。

Check
⑤は、①〜④のカードナンバーの和からオラクルを出すが、カードが既に場に出ていて、得られない場合もある。

①勇気を持つためのアドバイス。「ミカエル、私に勇気をください。」と唱えながら置く。
②癒しへのアドバイス。「ラファエル、私を癒してください。」と唱える。
③表現力を高めるアドバイス。「ガブリエル、創造する表現力をください。」と唱える。
④判断へのアドバイス。「ウリエル、良識を持って判断する智恵をください。」と唱える。
⑤オラクル。①②③④に出たカードナンバーを足す。その和が、22以上の場合は、21以下の数になるまで22を引き、その数と同じナンバーの大アルカナをオラクルに配す。既にそのカードが場に出ている場合は、オラクルは得られないことを示す。

スプレッド選択のコツはこれだ！

神秘的な占いを行いたいときによい。夢や目標があっても、達成できるかどうか不安や迷い、躊躇する気持ちを抱えているときにこのスプレッドを選択する。不安などを払拭するために天使からのエールを得たいときに最適。

リーディングの **Point** すべてのポジションのカードをポジティブに読むこと

天使からのメッセージ①～④はポジティブに読むこと。
⑤オラクルの出し方は、例えば①2［女司祭長／逆］、②19［太陽］、③1［魔術師］、④20［審判］が出た場合、2＋19＋1＋20＝42、42－22＝20→20［審判］。この場合、既に場に出ているので、オラクルは得られない。

オラクルが得られない場合は、①～④で読むこともできますが、目標達成の計画を練り直すことも検討しましょう。

＋α プラスアルファ 四大天使の役割について

★ミカエル：「神に似たもの」という意味の名前を持ち、人間を恐れから解放し、人生の目的を指し示します。サタンと戦う大天使です。
★ラファエル：「神の癒し」という意味の名前を持ち、癒しの力で悪しきものを浄化をし、魂を解放します。巡礼者など旅人の庇護者でもあります。
★ガブリエル：「神の使者」という名前を持ち、教師やジャーナリストを助ける大天使です。聖母マリアに「受胎告知」を行った天使として有名です。
★ウリエル：「神の光」や「神の炎」という名前を持ち、予言や警告を与え、人類に神秘主義的思想をもたらします。堅忍の美徳を司る裁きの大天使です。

このスプレッドに込められたヒミツ

四つあるうちの一つを隠す…描かれていない大天使ウリエル

知識とは、体験を通して得られるものとされ、秘教的な教えは、全部は明かされず。四つあるものの一つは、神秘のベールの向こう側にあるとされている。タロットカードにおいても、大天使ウリエルはどのカードにも描かれていない。そしてウリエルは、最も賢い天使と言われている。

第Ⅷ章 まだまだあるスプレッドを極める！

一つの物事を深く占うには「モダンメソッド」

モダンメソッドは、中世ヨーロッパのスプレッドが、変形しながら現代に伝わったものです。複雑な問題が絡み合ったときの進展について詳しく占うことができます。

▼

第Ⅷ章　まだまだあるスプレッドを極める！

モダンメソッドはこれだ！

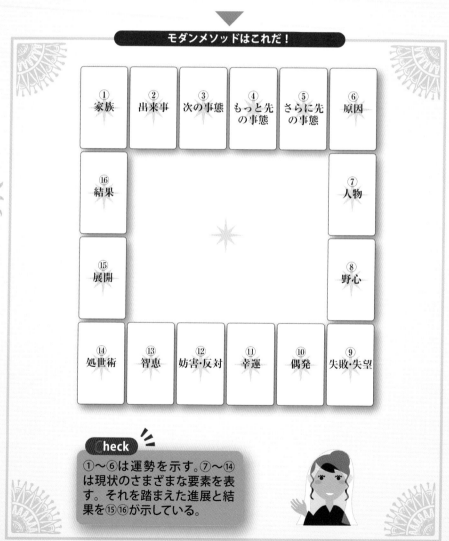

① 家族
② 出来事
③ 次の事態
④ もっと先の事態
⑤ さらに先の事態
⑥ 原因
⑯ 結果
⑦ 人物
⑮ 展開
⑧ 野心
⑭ 処世術
⑬ 智恵
⑫ 妨害・反対
⑪ 幸運
⑩ 偶発
⑨ 失敗・失望

Check

①～⑥は運勢を示す。⑦～⑭は現状のさまざまな要素を表す。それを踏まえた進展と結果を⑮⑯が示している。

①家族…家族からの影響を読む。
②出来事…原因や出来事。現状を示す。
③次の事態…進展。近い未来。
④もっと先の事態…もっと先の進展。未来。
⑤さらに先の事態…さらに先の進展。遠い未来。
⑥原因…出来事が起こるわけを探る。
⑦人物…影響を及ぼす人物。
⑧野心…何を期待しているか？ 願望を示す。

⑨失敗・失望…未来の失敗や失望を示す。
⑩偶発…偶然起こる出来事。
⑪幸運…未来に起こる幸運を示す。
⑫妨害・反対…妨害や反対を知る。
⑬智恵…障害を乗り越える智恵を読む。
⑭処世術…社会や対人関係への対策。
⑮展開…⑭までのプロセスを踏まえた展開。
⑯結果…結果的に得られるもの。

スプレッド選択のコツはこれだ！

今起きていることが、この先どんなプロセスを経て進展するのか？ さまざまな課題を抱えていて、どのように対処すればいいか知りたいときに最適。処世術という項目があることから、社会的要素のあるときに用いるとよい。

Point ⑯結果⑮展開⑭処世術のポジションで全体をまとめ、答えを得る

②～⑤の流れを起こす原因は⑥に現れる。このラインは①家族からスタートしているので、個人的な要因を示す。そして、⑦～⑭は社会的な要素を示す。⑭⑮⑯のラインは、①～⑬の全体的なプロセスを経ての⑭処世術などの対策であり、それを踏まえた⑮進展である。その上での⑯結果が現れる。たくさんある項目を通して、メリット・デメリットを読み取ろう。

モダンメソッド
(modern＝現代) は、
アンセントメソッド
(ancient＝古代) が変化して、枚数が増えたスプレッドと言われています。

＋α プラスアルファ

モダンメソッドなど展開枚数の多いスプレッドは、占う前に相談内容から、どのポジションがポイントとなるかを見極めてから展開しましょう。そして、リーディング時は、大アルカナや、相談者にとって重要な意味を示すカードを中心に読み取るとよいでしょう。

このスプレッドに込められたヒミツ

ルネッサンス（14～16世紀）に発案されたスプレッドとタロットデッキ
ルネサンス Renaissance は〝再生〟のフランス語に由来し、魂の復興を意味する。この頃、魔術や占星術や秘教の研究が活発で、たくさんのタロットデッキやスプレッドが誕生した。15世紀イタリア・ミラノのヴィスコンティ家のタロットが現存する最古のタロットと言われている。

第Ⅷ章　まだまだあるスプレッドを極める！

大アルカナ キーワード一覧表

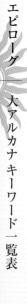

エピローグ ── 大アルカナキーワード一覧表

正			逆		
Ⅰ魔術師 The Magician	始まり 有機的	創造性 器用	遅い展開 狡猾さ	嘘 知識不足
Ⅱ女司祭長 The High Priestess	神秘 二元性	受動性 学問	潔癖 神経質	繊細 俗世離れ
Ⅲ女帝 The Empress	豊かさ 繁栄	母性 美的表現	わがまま 執着	怠惰 贅沢
Ⅳ皇帝 The Emperor	地位 自信	権力 父性	権威的 栄枯盛衰	虚勢 老化
Ⅴ法王 The Hierophant	伝導 結束	援助 儀式	即物的 分散	尊敬できない 不信
Ⅵ恋人たち The Lovers	コミュニケーション 若さ	選択 パートナーシップ	未熟 軽率	優柔不断 離別
Ⅶ戦車 The Chariot	前進 挑戦	勝利 自立	失敗 後退	敗北 暴走
Ⅷ力 Strength	意志力 受容力	コントロール 克服	制御できない 意志が弱い	(恐怖に)負ける 無気力
Ⅸ隠者 The Hermit	真理の探求 内向的	非社会的 精神性	疎外感 孤独	厭世観 隠れる
Ⅹ運命の輪 Wheel of Fortune	好機 展開	サイクル 許可	不運期 遅れる	タイミングが悪い 因果応報
Ⅺ正義 Justice	バランス 秩序	公正 人間関係	アンバランス 両立不可	公私混同 板挟み

☛ 大アルカナ 22 枚のリーディングのコツはこれだ！◈◈◈

78 枚を使用した占いでも、出現した大アルカナのみで答えを出すことも可能。
大アルカナは魂の成長を示す重要なメッセージ、運命的で宿命的な事柄を示す。
正位置／逆位置に囚われ過ぎずに、リーディングを行うことをが大切。

XII 吊られた男 The Hanged Man	正	試練 / 見方を変える	奉仕 / ひらめき	逆	忍耐 / 妄想	我慢の限界 / 自己犠牲的
XIII 死神 Death	正	終末 / 衰運	変容 / 潮時	逆	終止 / 違う世界	移行 / 縁が切れる
XIV 節制 Temperance	正	自然 / 浄化	純粋さ / 環境	逆	汚染 / 隙のなさ	不浄 / 非客観性
XV 悪魔 The Devil	正	執着 / 堕落	欲望 / 苦悩	逆	努力 / 破滅への道	悪化 / 中毒
XVI 塔 The Tower	正	破壊 / ショック	アクシデント / 性的刺激	逆	事故処理 / 権威の失墜	組織の破綻 / スキャンダル
XVII 星 The Star	正	希望 / アイデア	願望実現 / 目標	逆	理想が高い / 無駄が多い	博愛 / 目標設定
XVIII 月 The Moon	正	不安 / 霊感	迷い / 曖昧さ	逆	不安の解消 / 隠れた敵	潜在意識 / 本能
XIX 太陽 The Sun	正	生命力 / 満足	成功 / 自己表現	逆	自己中心的 / 大胆	エネルギーのロス / 子どもっぽい
XX 審判 Judgement	正	最終判断 / 覚醒	復活 / 覚悟	逆	最終決定 / 諦め	不変 / 家族
XXI 世界 The World	正	完成 / 統合	ハッピーエンド / 円満	逆	未完成 / 不完全	努力の余地 / 不満
0 愚者 The Fool	正	自由 / 「0」	未経験 / 非凡	逆	無知 / 無計画	愚かさを知る / 平凡

エピローグ　大アルカナキーワード一覧表

小アルカナ キーワード一覧表

エピローグ — 小アルカナキーワード一覧表

	杖（ワンド） 正	杖（ワンド） 逆	聖杯（カップ） 正	聖杯（カップ） 逆
1	スタート 新しい発想 権力 活力	方向性なし 力不足 力の乱用 世代交代	愛の始まり 豊かな感情 受容する 満たされる	愛への不安 情緒不安定 流される 溺愛
2	野心 グローバル 二者択一 社会的名誉	顧みない 孤独 分離 仕事の犠牲	通じ合う 友好関係 統合する 誓いの契約	不和 契約不成立 受容し難い 感情の相違
3	発展する 大志を抱く 未来志向 開ける展望	後援 支持を得る 遠方に憧れ 留まる	結果を祝う 円満な関係 繁栄 芸能	節度がない 快楽的 悪い仲間 贅沢
4	招待 祝福 門出 装飾する	歓迎されない 生活の悩み 装飾過剰 入りにくい	考える時 倦怠 欲求不満 一人になる	肯定的思考 新しい発想 援助がある 瞑想
5	競争 力の融合 生存競争 十人十色	一時休戦 敵が友に 意見の相違 烏合の衆	覆水盆に返らず 喪失感 孤独 自己憐憫	可能性発見 立ち直る 省みる 希望
6	前進する 勝利 凱旋 栄光	敗北 前進を阻む 負けを恐れる 賛同なし	約束 子ども 幸せな記憶 プレゼント	自分の成長 子どもっぽい 温故知新 辛い思い出
7	勝ち続ける 優位な立場 一人勝ち 応戦する	孤独な戦い 差別化 圧倒される 競争激化	我を失う 神秘的 夢想的 精神不安定	聡明なビジョン 夢から覚醒 霊的メッセージ 現実を受容
8	時間の流れ スピード 次々繰り出す 手から離れる	渋滞 遅延 ゆっくり動く 過ぎたこと	興味が移る 挫折 放棄 心残り	現実を見る やり直す 考え直す 興味の復興
9	臨戦態勢 準備万端 用意周到 様子を窺う	不意の失地 準備不足 出遅れる 被害者意識	仕事の成功 自信満々 人生の充実 願望実現	成功への努力 傲慢さ (物質的)強欲 自惚れ
10	負担 目的遂行 余裕のなさ 限度	手放し 諦める 断念 疲労	家族の幸せ 未来への夢 理想を描く 夢を叶える	高い理想 届かない夢 飽和状態 虚飾の幸せ
ペイジ	メッセンジャー 活発な子 素直さ 人気者	衝動的発想 目立ちたがり 反抗的な子 未熟	美しい子 発想 提案 想像力豊か	妄想 虚言 多感すぎる 優柔不断
ナイト	飛躍する 交渉 移動 伊達	短気 威嚇する ひるむ 衝動的	誠実さ 接近する 紳士的 美男	多情 下心 誘惑 不道徳
クィーン	母親 魅力的な女性 生活の充実 親切	女王気取り 過干渉 責任転嫁 魅力がない	未婚の女性 強い感受性 思いやり 内向性	排他的 繊細すぎる 閉鎖的 依存的
キング	父親 カリスマ的 実業家 誇りを持つ	ワンマン社長 自己顕示欲 封建的 高慢な誇り	寛大さ 師匠 豊かな情緒 芸術的感性	不正 偽善 感情の暴走 自信喪失

大アルカナの次に宮廷札、数札の 1（Ace）の順に重要視し、数札で詳細を把握する。数札は心理や事象、行動の詳細を表し、数札の数が占いの答えになることもある。宮廷札は人物の個性や対人関係などを示す。

	剣（ソード）		金貨（ペンタクルス）	
	正	逆	正	逆
1	絶対的判断　意志の力　勝利の栄光　創造の知恵	終わり　辛い決断　独善的　断ち切る	具体化する　充実　成果　所有する	金銭的要素　即物的　不十分　未完成
2	バランス　静寂　心眼で見る　感受性	繊細すぎる　盲目的　閉鎖的　不安	変化　交流　繰り返し　日課	不安定　浮沈　娯楽　疎通できない
3	不和　分裂　心を貫く思い　傷心	分ける　別れ　破綻　理不尽	協働の成功　組織　建設的　名誉	結束力不足　組織の問題　未熟　不敬
4	休養　思考の休止　癒し　小休止	暇　休めない　動きがない　回復の兆し	富の保有　保守する　信念のある　不動心	執着　独り占め　頑固　偏見
5	横暴な手段　狡猾さ　情勢不安　空虚な勝利	裏切り　敗北　犠牲者意識　悪徳	貧困　路頭に迷う　パートナー　当てがない	救済の希求　協力者を失う　孤独　失望
6	平穏な出発　最先端技術　母子　導かれる	出遅れる　前進しない　未来の不安　非力な協力者	慈善　契約成立　恵みの付与　商取引	不平等　雇用の問題　偽善　アンバランス
7	矛盾　知識の習得　姑息な手段　混乱	問題の解決　相談　正しい方向性　ユーモア	仕事の不満　成果なし　望まぬ結果　悩み	きつい仕事　工夫が必要　間引く　面白味がない
8	忍耐力　身動き不可　試練の受任　不動心	解放される　束縛が緩む　困難を克服　回復	技術の向上　継続する　努力　物作り	未熟な技術　繰り返し　飽きる　惰性
9	絶望　喪失感　孤独感　闘病生活	希望を見出す　感謝する　床に伏す　終末思考	幸せな結婚　華やかさ　豊かな暮らし　女性の成功	愛よりお金　打算的　パトロン　贅沢
10	長い苦痛　終わり　辛い状況　衰弱	新しい可能性　よい前兆　苦痛から解放　一時的好転	経済の安定　子孫繁栄　伝統　名家	古いしきたり　家の没落　家庭の問題　遺産の喪失
ペイジ	練習　情報の選別　利口な子ども　鍛える	疑心暗鬼　軽率　反抗的な子　姑息な手段	憧れ　継続する　向上心　真面目さ	現金な態度　怠慢　準備不足　非現実的な考え
ナイト	任務遂行　勇敢さ　挑戦　使命感	強引さ　少ない勝算　無謀な挑戦　間違った信念	資産運用　堅実な判断　現状維持　実利優先	鈍重　停滞　消極的　鈍感
クィーン	社交性　理解力　キャリアウーマン　知的な女性	女性の悲哀　離婚女性　了見の狭さ　偏見	妊婦　安らぎ　自然派　堅実さ	猜疑心　保身　閉鎖的な思考　世間知らず
キング	裁判官　創造的思考　理性的　鋭い判断力	独裁者　独善的　無慈悲　残酷な判断	物質の充実　信頼　富の所有　結果を出す力	金権主義　物質的な執着　強情　沽券が下がる

エピローグ　小アルカナ キーワード一覧表

あとがき

　心というスクリーンに映し出された模様をカードに投影し、心の投影であるカードを読み取る作業がタロット占いです。それは写真を撮るのに似ています。この本の最後に、タロット占い魅惑のテクニック、心の映像を写し取るコツをお伝えしたいと思います。

　タロット占いも写真と同じで、占う焦点が定まらないとピントのぼけた画像になります。何を占うか悩みを明確化すること。それが、焦点を合わせる作業です。

　スプレッドの決定は、カメラアングルや画角を決めることと似ています。どのスプレッドを使えば、一番鮮明で分かりやすく問題や解決策をカードに映し出すことができるのか？悩みや質問に応じて、スプレッドを変えます。

　それから、当たり前ですが、レンズが曇っていてはいけません。占者の物事を見つめる目は、迷いや偏見を捨てクリアーでなければなりません。

　そして、何より大切なことは、カメラマン（占者）も被写体（相談者）も静止していることです。心が乱れていないこと。手振れの写真にならないように、占者も相談者も、意識を占いに集中し、ぶれないことが望まれます。

　とはいえ、相談者は悩みを抱え動揺しているもの。だから占者は相談者の心と同調して、支えなくてはなりません。相談者の心を占者が支え、安定したら、鮮明なカードが現れる。悩んでいる相談者の心を写し取ったカードが展開されます。

　タロット占いは、リーディング以前に、これらのプロセスにも意識を注ぐことが大切です。そのための準備については、『もっと本格的に人を占う！究極のタロット 新版』『この一冊で本格的にできる！タロット占いの基本』で解説していますので参考にしてください。

　あなたのタロット占いのリーディング力が向上しますよう、この本がお役に立てればと願います。

▲監修者 吉田ルナ の対面鑑定風景

監修者　吉田ルナ　からのメッセージ

　タロット占いの初心者に手にとってもらいたいのは『この一冊で本格的にできる！タロット占いの基本』、カードの意味を深める『もっと本格的にカードを読み解く！神秘のタロット 新版』です。実践者には、本書『もっと本格的にスプレッドを極める！魅惑のタロット 新版』。さらに極めたい人には『もっと本格的に人を占う！究極のタロット 新版』をお勧めします。いずれも私の経験に基づき表現できる限りを示した、自信を持って紹介できる本です。

　これらの本にほぼ共通して採用しているスプレッドがあります。それはホロスコープスプレッドと生命の木スプレッド…私が最も大切にしているワークが、タロット、占星術、カバラだからです。

　これらのタロット、占星術やカバラ・生命の木、数秘術について、さらに深く知りたい方は、占いサロン「ラブアンドライト」にお問い合わせください。実践的・秘教的な知識、実技指導など、各種スクールを開講しています。

　また、個人セッションも行っています。困っている人が一人で絶望することがないように。一人で悩むよりもきっと楽になる。あなたも私も、共に開運し幸せな時間が過ごせますよう、奇跡を呼ぶ占いになることを願っています。あなたも奇跡を起こすタロット占いができるように、ぜひ一緒に学びましょう。

With Love and Light, Luna Yoshida

吉田ルナ主宰の占いサロン「ラブアンドライト」では、対面占いをはじめ、タロットや占星術、カバラ・生命の木などの教室や、パワーストーンなどのヒーリング、ILC（内光意識）などの自己修養ワークショップを開催しています。お気軽にご相談ください。お待ちしております。

ラブアンドライト
http://loveandlight21.jp

吉田ルナ監修・片岡れいこ絵の「ラブアンドライトタロット」

スタッフ

●監修
吉田 ルナ

●企画・編集・デザイン
片岡 れいこ

●デジタルイラスト
稲垣 麻里

●編集協力
小橋 昭彦　　板垣 弘子

もっと本格的にスプレッドを極める！魅惑のタロット 新版

2020年6月5日　第1版・第1刷発行

監修者　吉田 ルナ（よしだ るな）
発行者　株式会社メイツユニバーサルコンテンツ
　　　　（旧社名：メイツ出版株式会社）
　　　　代表者　三渡 治
　　　　〒102-0093　東京都千代田区平河町一丁目1-8
　　　　TEL　03-5276-3050 (編集・営業)
　　　　TEL　03-5276-3052 (注文専用)
　　　　FAX　03-5276-3105
印　刷　株式会社厚徳社

ご意見・ご感想はホームページから承っております
メイツ出版ホームページアドレス　https://www.mates-publishing.co.jp/

編集長：折居かおる　　副編集長：堀明研斗　企画担当：大羽孝志／清岡香奈
※本書は2014年発行の『もっと本格的にスプレッドを極める!魅惑のタロット』の新版です。

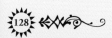